课题组成员

主　编　耿明斋　王雪云

副主编　崔　潮　朱世欣

成　员　（以写作顺序为序）

　　　　　侯朝濮　朱世欣　马建辉　韩良良

　　　　　李　娜　李　理　李　凯　文小才

　　　　　李婷婷　李　瑛　崔　潮

　　如果不考虑以渔猎、采集为生的蒙昧状态，人类社会以 18 世纪下半叶英国产业革命为界，明显地可分为前后两个截然不同的阶段，即传统的农耕与乡村文明社会、现代的工业与城市文明社会。自那时起，由前一阶段向后一阶段的转换，或者说社会的现代化转型，已成为不可逆转的历史潮流。全世界几乎所有的国家和地区都曾经历或正在经历从传统农耕与乡村文明社会向现代工业与城市文明社会转型的过程。中国社会的现代化转型可以追溯到 19 世纪下半叶的洋务运动，然而，随后近百年的社会动荡严重阻滞了中国社会全面的现代化转型进程。

　　中国真正大规模和全面的社会转型以改革开放为起点，

农区工业化潮流是最强大的推动力。正是珠三角、长三角广大农村地区工业的蓬勃发展，才将越来越广大的地区和越来越多的人口纳入工业和城市文明发展的轨道，并成就了中国"世界工厂"的美名。然而，农耕历史最久、农耕文化及社会结构积淀最深、地域面积最大、农村人口最集中的传统平原农区，却又是工业化发展和社会转型最滞后的地区。显然，如果此类区域的工业化和社会转型问题不解决，整个中国的现代化转型就不可能完成。因此，传统平原农区的工业化及社会转型问题无疑是当前中国最迫切需要研究解决的重大问题之一。

使我们对传统农区工业化与社会转型问题产生巨大兴趣并促使我们将该问题锁定为长期研究对象的主要因素，有如下三点。

一是关于工业化和社会发展的认识。记得五年前，我们为申请教育部人文社科重点研究基地而准备一个有关农区工业化的课题论证时，一位权威专家就对农区工业化的提法提出了异议，说"农区就是要搞农业，农区的任务是锁定种植业的产业结构并实现农业的现代化，农区工业化是个悖论"。两年前我们组织博士论文开题论证时，又有专家提出了同样的问题。其实对这样的问题，我们自己早就专门著文讨论过，但是，一再提出的疑问还是迫使我们对此问题做更深入的思考。事实上，如前所述，从社会转型的源头上说，最初的工业都是从农业中长出来的，所以，最初的工业化都是农区工业化，包括 18 世纪英国的产业革命，这是其一。其二，中国 20 世纪 80 年代初开始的大规模工业化就是从农区开始的，所谓的苏南模式、温州模式不都是农区工业发展的模式么？现在已成珠三角核心工业区的东莞市 30 年前还是典型的农业大县，为什么现在尚未实现工业化的农区就不能搞工业化了呢？其三，也是最重要的，工业化是一个社会现代化的过程，而社会的核心是人，所以工业化的核心问题是人的现代化，一个区域只有经过工业化的洗礼，这个区域的人才能由传统向现代转化，你不允许传统农区搞工业化，那不就意味着你不允许此类地区的人进入现代人的序列么？这无论如何也是说不过去的。当然，我们也知道，那些反对农区搞工业化的专家是从产业的区域分工格局来讨论问题的，但是要知道，这样的区域分工格局要经过工业化的洗礼才会形成，而不能通过阻止某一区域的工业化而人为地将其固化为某一特定产业区域类型。其四，反对农区工业化的人往往曲解了农区工业化的丰富内涵，似乎农区工业化就是在农田里建工厂。其实，农区工业化即使包含着在农区建工厂的内容，那也是指在更广大的农区的某些空间点上建工厂，并不意味着所有农田都要变成工厂，也就是说，农区工业化并不意味着一定会损害乃至替代农业的发展。农区工业化最重要的意义是将占人口比例最大的农民卷入社会现代化潮流。不能将传统农区农民这一占人口比例最大的群体排除在中国社会的现代化进程之外，这是我们关于工业化和社会发展的基本认识，也是我们高度重视传统农区工业化问题的基本原因之一。

二是对工业化发生及文明转换原因和秩序的认识。从全球的角度看，现代工业和社会转型的起点在英国。过去我们有一种主流的、被不断强化的认识，即中国社会历史发展的逻辑进程与其他地方——比如说欧洲应该是一样的，也要由封建社会进入资本主义社会，虽然某一社会发展阶段的时间起点不一定完全一致。于是就有了资本主义萌芽说，即中国早在明清乃至宋代就有了资本主义萌芽，且迟早要长出资本主义的大树。这种观点用另一种语言来表述就是：即使没有欧洲的影响，中国也会爆发产业革命，发展出现代工业体系。近年来，随着对该问题研究的深入，提出并试图回答类似"李约瑟之谜"的下述问题越来越让人们感兴趣，即在现代化开启之前的 1000 多年中，中国科学技术都走在世界前列，为什么现代化开启以来的最近 500 年，中国却远远落在了西方的后面？与工业革命联系起来，这个问题自然就转换为：为什么产业革命爆发于欧洲而不是中国？虽然讨论仍如火如荼，然而一个无可争议的事实是：中国的确没有爆发产业革命，中国的现代工业是由西方输入的，或者说是从西方学的。这一事实决定了中国工业化的空间秩序必然从受西方工业文明影响最早的沿海地区逐渐向内陆地区推进，不管是 19 世纪下半叶洋务运动开启的旧的工业化，还是 20 世纪 80 年代开启的新一轮工业化，都不例外。现代工业诞生的基础和工业化在中国演变的这一空间秩序，意味着外来的现代工业生产方式和与此相应的经济社会结构在替代中国固有的传统农业生产方式和相应的经济社会结构的过程中，一定包含着前者对后者的改造和剧烈的冲突。而传统农耕文明历史最久、经济社会乃至文化结构积淀最深的传统农区，一定也是现代工业化难度最大、遇到障碍最多的区域。所以，将传统农区工业化进程作为研究对象，或许更容易发现两种不同文明结构的差异及冲突、改造、替代的本质和规律，从而使得该项研究更具理论和思想价值。

三是对我们所处的研究工作环境和知识积累的认识。我们中的很多人都来自农民家庭，我自己甚至有一段当农民的经历，我们工作的河南省又是全国第一人口大省和第一农民大省，截至2008年末，其城市化率也才不到40%，也就是说，在将近1亿人口中，有近7000万人是农民，所以，我们对农民、农业、农村的情况非常熟悉，研究农区问题，我们最容易获得第一手资料。同时，我们这些土生土长的农区人，对该区域的现代化进程最为关注，也有着最为强烈的社会责任感，因此，研究农区问题我们最有动力。还有，在众多的不断变化的热点经济社会问题吸引相当多有抱负的经济学人的情况下，对事关整个中国现代化进程的传统农区工业化和社会转型问题进行一些深入思考可能是我们的比较优势。

我个人将研究兴趣聚焦到农区工业化上来始于20世纪90年代中期，进入21世纪以来，该项研究占了我越来越多的精力和时间。随着实地调查机会的增多，进入视野的令人感兴趣的问题也越来越多。与该项研究相关的国家社科基金重点项目、一般项目以及教育部基地重大项目的相继立项，使研究的压力也越来越大。值得欣慰的是，该项研究的意义越来越为更多的学者和博士生及博士后研究人员所认可，研究队伍也越来越大，展开的面也越来越宽，研究的问题也越来越深入和具体。尤其值得一提的是日本大学的村上直树教授，他以其丰厚的学识和先进的研究方法，将中国中原地区的工业化作为自己重要的研究方向，且已经取得了重要进展，并打算与我们长期合作，这给了我们很大的鼓舞。

总之，研究对象与研究领域已经初步锁定，研究队伍已聚集起来，课题研究平台在不断拓展，若干研究也有了相应的进展。今后，我们要做的是对相关的研究方向和研究课题做进一步的提炼，对研究队伍进行优化整合，对文献进行更系统的批判和梳理，做更多的实地调查，力争从多角度来回答若干重要问题，比如：在传统农业基础上工业化发生、发育的基础和条件是什么？工业化究竟能不能在传统农业的基础上内生？外部的因素对传统农区工业化的推进究竟起着什么样的作用？从创业者和企业的行为方式看，工业企业成长和空间演进的轨迹是怎样的？在工业化背景下，农户的行为方式会发生怎样的变化，这种变化对工业化进程又会产生怎样的影响？县、乡等基层政府在工业化进程中究竟应该扮演何种角色？人口流动的方向、方式和人口居住空间结构调整演进的基本趋势是什么？这是一系列颇具争议但又很有研讨价值的问题。我们将尝试弄清楚随着工业化的推进，传统农业和乡村文明的经济社会结构逐步被破坏、被改造、被替代，以及与现代工业和城市文明相适应的经济社会结构逐步形成的整个过程。

按照目前的打算，今后相当长一个时期内，我们的研究都不可能离开传统农区工业化与社会转型这一领域，我们也期望近期在若干主要专题上能有所突破，并取得相应的研究成果。为了将所有相关成果聚集到一起，以便让读者了解到我们所研究问题的全貌，我们决定编辑出版"传统农区工业化与社会转型丛书"。我们希望，随着研究的推进，每年能拿出三到五本书的相关成果，经过 3～5 年，能形成十几乃至二十本书的丛书规模。

感谢原社会科学文献出版社总编辑邹东涛教授，感谢该社皮书出版分社的邓泳红，以及所有参与编辑该套丛书的人员，是他们敏锐的洞察力、强烈的社会责任感、极大的工作热情和一丝不苟的敬业精神，促成了该套丛书的迅速立项，并使出版工作得以顺利推进。

耿明斋

2009 年 6 月 14 日

　　党的十八届三中全会通过的《中共中央关于全面深化改革若干重大问题的决定》明确提出，要实现社会治理体系和治理能力的现代化。现代社会治理涉及诸多方面，但核心问题或者说难题恐怕就是公共产品的供给方式和分享范围。①

　　社会是人的集合，因此必然产生不同于个人事务的公共事务，通俗地说，社会财富中被用于处理公共事务的支出就

----

① 搜索百度百科"公共产品"条目，其给出的解释是：公共产品（public good）是私人产品的对称，是指具有消费或使用上的非竞争性和受益上的非排他性的产品。经济学用语中亦称"公共财货""公共物品"，指能为绝大多数人共同消费或享用的产品或服务，如国防、公安、司法等方面所具有的财物和劳务，以及义务教育、公共福利事业等。其特点是一些人对这一产品的消费不会影响另一些人对它的消费，具有非竞争性；某些人对这一产品的利用，不会排斥另一些人对它的利用，具有非排他性。公共产品一般由政府或社会团体提供。

构成了公共产品。从理论上说，由单一层级、单一区域单元或单一人群构成的社会，公共产品的供给和分享应该都不是问题。但现代由多层级、多区域单元构成的社会，公共产品的供给和分享就变得相当复杂，解决起来也困难重重。

首先是公共事务的分类和公共产品供给责任主体的界定。一些涉外的事务和由此形成的公共产品，比如外交和国防等，供给责任自然在中央政府，不会产生争议。但是，大部分涉及内部的公共事务，存在如何在中央政府和地方政府以及地方不同层级政府之间划分供给责任的难题。比如，跨区域的河流治理和铁路、公路等交通基础设施建设与管理，虽然属于中央政府统筹的范畴，但往往因需要地方配合或为地方带来利益而需要地方承担相应的责任，中央和地方责任如何划分往往会有不同利益的博弈。再比如，许多涉及民生的事务，既可以由中央政府提供，也可以由地方政府提供，中央与地方的责任如何分割往往也会产生很多纠葛。这方面最典型的是教育，尤其是高等教育，中央政府在办，地方政府也在办，但中央政府办什么样的大学以及办在哪里，中央政府掌控的高等教育资源如何在不同区域之间均衡配置，以及如何让不同区域的人群公平地分享，都是不易解决的问题。

其次是与供给责任相适应的财力分割方式。完成了公共事务在不同层级政府之间分割和相应的公共产品供给责任界定，并不意味着万事大吉，而是意味着新的问题开始，即必须要依据责任义务和权利利益相一致的原则，在不同层级政府之间合理地分割财力。政府用于管理公共事务和供给公共产品的财力，源于财富创造者（个人和企业）、消费者和存量财富拥有者的贡献，即纳税。这既涉及政府与纳税人的关系，也涉及政府体系内部不同层级之间的关系。就前者来说，要解决设置哪些税种、税率如何定、向谁征收等问题。就后者来说，要解决不同层级政府的财力是按总量比例切割，还是通过税种划分来分割，抑或是既分税种，又分比例等问题。如何根据公共事务多少和公共产品供给责任大小来测算不同层级政府之间的财力大小和比例多少，是复杂和不易解决的问题。

第三是均衡不同区域单元之间公共产品供给水平差异的转移支付方式选择和数量测算。在公共事务分类及公共产品分别由不同层级政府承担供给责任的条件下，不同区域单元之间由于资源禀赋和经济社会发展水平的差异，公共产品的供给与分享水平肯定会存在差异。而对一些涉及基本民生需求的公共产品，比如教育、医疗等，在一个国家范围内存在供给与分享均等化的要求。这既是公平的要求，也是社会稳定发展的要求。但是，究竟哪些公共产品在一个国家的不同地域单元之间的供给和分享应该是均等的，在什么程度上均等？要实现均等，必须既测算那些资源禀赋条件差、经济社会发展水平低的地域单元自我供给的水平，又测算全国范围内需要均衡供给的那些公共产品的均衡水平，以确定中央政府为均衡供给需要向供给水平低的地域单元转移支付的数量。

这些同样是复杂和不易解决的问题。

当前，以欧美、日本为代表的发达地区，自然有一套规范的公共事务分类和较为明确的公共产品供给责任界定，以及与供给责任相适应的财力分割方式，也有较为完善的均衡不同区域单元之间公共产品供给水平差异的转移支付方式及量化标准。尽管如此，它们也还会由于各种各样的原因，经常产生源于不同层级和不同地域单元之间公共产品供给方式和分享水平的冲突与摩擦，比如日本的养老金问题和美国的医保问题等，都是长期争论和难以解决的公共产品供给问题。

我国计划经济时期实行统收统支政策，理论上所有可供消费的社会财富统统被纳入中央的统一核算，几乎所有公共服务和公共产品的分享方式与分享水平均是全国一个标准，绝无地域单元差异。比如，工人劳动报酬全国按八级工资制支付，差别仅考虑了工种及地域之间的生活成本和生活环境；再比如，很多生活必需品均按人头凭票供给，等等。但这种不同层级政府之间无责任分工、不同地域之间无差异化的公共产品供给方式，也抹杀了不同地域之间资源禀赋的差异，扼杀了基层地域单元创造财富、提高公共服务供给水平的积极性，结果是全国的财富创造和公共服务供给长期在低水平徘徊。

改革开放首先解决的是单个经济活动主体和基层地域单元创造财富的积极性问题。承认单个经济活动主体之间和基层地域单元之间资源禀赋与财富创造能力的差异，并通过利润分成、利改税、分税制和财政分灶吃饭、按贡献分配、允许和鼓励财产收益等措施，使得具有较强财富创造能力的主体和基层地域单元能够为自己留下更多，从而能够获得较高的收入和较高水平的公共产品供给。这也使不同地域单元之间由于可支配财力的差异而导致公共产品供给水平有较大差异。从社会治理体系现代化的角度来说，不是要绝对熨平不同地域单元之间的收入水平和公共产品供给水平的差异，而是要明确界定到底哪些公共产品的分享应该在不同地域单元之间是无差异的，并以规范转移支付的方式实现这种无差异。要做到这一点，当然需要综合解决公共服务分类及公共产品供给责任界定、与责任相适应的财力保障，以及为均衡地域之间基本公共服务差异而采取的转移支付制度等方面的问题，搭建现代社会治理体系的框架。

在这些问题没有解决和现代社会治理框架体系没有搭建起来之前，需要尝试推出一些与不同层级公共产品供给责任，以及均衡地域单元之间公共产品供给水平相关的措施。这或许就是各地推出"十大民生工程"或"十大实事"的深层背景，也是我们以河南为案例梳理研究"十大民生工程"的内在价值。

河南省十大民生工程于 2005 年开始实施，至 2014 年恰好 10 年。本书另一主编，河南财政税务高等专科学校党委书记王雪云同志有长期在财政部门任职的经历，又是科班出身（中央财经大学硕士），有问题意识和学术眼光。她建议就此问题加以梳理和研究，弄清楚落实情况和效果，总结经验，发现问题，并提出改进建议，以便为政府改进和完善该工程，提高财政资金使用效率提供依据。如前所述，在我看来，此类民生工程，不仅体现了政府对民生问题的重视，是政府解决紧迫民生问题的抓手，而且实际上是多层级、多地域单元国家在公共事务分类分层，以及与之相适应的公共产品供给和分享方式问题未规范之前，均衡不同地域单元之间基本公共产品分享的一种解决方案。梳理和研究十大民生工程，有助于借此探索以财政体制为核心的社会治理体系现代化的方向。所以我们一拍即合，遂决定依托中原发展研究院与河南财政税务高等专科学校共建的财政学研究所科研平台，立即启动对十大民生工程的梳理和研究。

从 2014 年 8 月初开始，我们组成了超过 10 人的团队，拟定了 12 个研究专题，除每一项民生工程单独设题之外，还另加了两个综合性研究专题。从梳理文献、整理数据到部门走访、实地调研，历时将近一年。其间，我们在各专题负责人独立研究的基础上，多次集中讨论，从澄清事实、矫正数据、辩论观点、深化认识、提炼建议，到统一格式和写作规范，不管是内容还是形式，都反复切磋，最终形成了这份还算让自己基本满意的报告。①

除了两个综合性的专题之外，十个以各民生工程命名的

---

① 本书中相关专题内容也是耿明斋教授主持的国家社科基金重点项目"中西部地区承接产业转移的政策措施研究"（项目编号：09AZD024）的阶段性成果。

专题均统一了格式，即在正文之前先以背景资料形式列举每项民生工程每年涉及的具体内容，正文则分为实施情况、效果与问题分析和对策建议三部分，使整个报告显得整齐和规范，便于读者阅读和浏览。

各专题内容和分工如下：（1）就业，侯朝濮；（2）社会保障，朱世欣；（3）保障性安居工程，马建辉；（4）教育，韩良良；（5）公共医疗卫生，李娜；（6）文化惠民工程，李理；（7）农民增收，李凯；（8）改善农村生产生活条件，文小才；（9）环境，李婷婷；（10）公共安全，李瑛；（11）十大民生工程的政策执行研究，朱世欣；①（12）十大民生工程项目与财政体制改革关系研究，崔潮。

在资料搜集、数据整理和实地调研过程中，河南省财政厅等相关政府部门给予了大力支持和帮助，驻马店市政府及市财政局对团队在当地的调研活动做了妥善安排，使我们能够比较方便地深入农村、基层政府部门和企业等项目实施单位，获得了大量第一手资料，深度了解了民生工程实施带给普通老百姓的福利，以及民生工程实施过程中确实存在的各种问题，从而保证了我们的理论分析有事实依据，政策建议更具有针对性和可操作性。在此特向河南省财政厅等相关部门、驻马店市及所有为我们的调查研究提供过帮助的其他单位或个人表示诚挚的谢意！

----

① 这部分内容也是河南省哲学社会科学规划课题"中国特色新型智库建设研究"（编号：2014BZZ009）的阶段性成果之一。

　　王雪云在肩负繁忙行政工作的情况下，坚持高频率参加讨论，并凭借丰富的实践经验和独到的学术眼光，仔细推敲每个专题报告的事实、数据、思路、观点和建议，提出了很多有价值的见解。朱世欣除承担相应的研究任务之外，还做了大量组织工作，耿静也协助处理了不少行政性事务，刘琼在校正错讹、联络出版方面付出了辛劳，在此一并表示感谢。还要感谢为保证本书顺利出版而付出辛劳的社会科学文献出版社以邓泳红分社长为首的编辑团队。

　　最后，本项研究及著作的撰写出版得到了河南财政税务高等专科学校、中原发展研究基金会、新型城镇化与中原经济区建设河南省协同创新中心、河南省高等学校人文社会科学重点研究基地中原发展研究院，以及河南省发改委与财政厅政府购买服务项目等的经费支持。

耿明斋

2015 年 7 月 1 日

目 录

Contents

第一章　就业

背景资料

2005 年

河南省十大民生工程①工作方案关于解决下岗职工再就业问题的表述为：健全公共就业服务体系和再就业援助制度，2005 年安排就业岗位 80 万个，重点帮助"4050"等困难群体就业。

2006 年

十大民生工程工作方案关于加强城镇就业再就业和社会保障工作的表述为："认真落实就业再就业各项优惠政策，确保新增城镇就业 100 万人。筹措 5.5 亿元资金，用于支持下岗职工再就业，实现企业下岗职工再就业 33 万人，其中'4050'人员 12 万人。"

---

① 开始称"十大事实"，后扩大为十大民生工程，为便于统一表述，均称"十大民生工程"。

2007 年

十大民生工程工作方案关于加强城镇就业再就业和社会保障工作的表述为："全面落实就业再就业优惠政策，积极促进下岗失业人员再就业，加大对'4050'人员、城镇低保人员、零就业家庭等困难群体再就业的帮扶力度，确保全年城镇新增就业 100 万人，基本消除零就业家庭 8000户以上，实现下岗失业人员再就业 33 万人，其中'4050'人员 12 万人。扩大社会保险覆盖面，新增城镇基本养老保险参保人数 25 万人、城镇基本医疗保险参保人数 50万人。"

2008 年

十大民生工程工作方案关于认真做好就业再就业工作的表述为：一是就业再就业方面，承诺继续实施积极的就业政策，坚持以创业促就业，加大就业援助力度，确保全年城镇新增就业 100 万人以上，实现下岗失业人员再就业 33 万人，其中就业困难人员再就业 12 万人，动态消除"零就业家庭"。二是农民工务工技能培训方面，承诺继续实施阳光工程、"雨露计划"和农村劳动力技能就业计划，完成 146 万名农民工务工技能培训。三是农村富余劳动力转移就业方面，承诺新增 150 万农村富余劳动力转移就业。河南省首次将农民进城务工和农村富余劳动力转移就业纳入认真做好就业再就业工作范畴，体现了河南省由单一的重视再就业向实现全社会充分就业的重大转变。

2009 年

十大民生工程工作方案关于认真做好就业再就业工作的表述为："实施积极的就业政策，大力推动以创业促就业，确保全年城镇新增就业 100 万人，实现下岗失业人员再就业 33 万人，其中就业困难人员就业 12 万人，动态消除零就业家庭。继续实施阳光工程、扶贫培训雨露计划和农村劳动力技能培训计划，在 4 个县（市）开展农村劳动力转移就业服务体系基础设施建设试点项目，新增 100 万农村富余劳动力转移就业。"

2010 年

十大民生工程工作方案关于千方百计扩大就业的表述为：坚持更加积极的就业政策，推动全民创业，确保全面实现新增就业 100 万人、失业人员再就业 35 万人，其中，通过加大投入，开发公益性岗位 12 万个，安置"4050"人员 10 万人，帮助困难人员 15 万人，城镇登记失业率控制在 4.5% 以内，动态消除"零就业家庭"。继续实施农村劳动力技能培训计划、阳光工程、"雨露计划"，新增转移就业农村劳动力 100 万人，为 6 万名残疾人免费进行技能培训。加大小额担保贷款工作力度，扩大小额贷款发放范围，全年发放小额贷款 30 亿元。实施百村万户旅游富民工程，在全省范围内，扶持 100 个旅游村和 10000 户农家乐，开展乡村旅游，提供 10 万个农民就业岗位。

2011 年

十大民生工程工作方案关于千方百计扩大就业的表述为：

（1）实施更加积极的就业政策，建立覆盖城乡的公共就业服务体系和公共就业信息平台，加强就业技能培训、就业信息服务，重点解决高校毕业生、农村转移劳动力、城镇就业困难人员、退伍军人、残疾人的就业问题，扶持自主创业和自谋职业，确保全年城镇新增就业100万人，城镇登记失业率控制在4.5%以内，动态消除"零就业家庭"。（2）继续实施农村劳动力转移就业技能计划、"雨露计划"、阳光工程等，力争全年新增转移就业农村劳动力100万人。

2012年

十大民生工程工作方案关于千方百计扩大就业的具体工作内容包括：（1）实施更加积极的就业政策，建立覆盖城乡的公共就业服务体系和公共就业信息平台，完善促进就业创业的政策措施，重点解决高校毕业生、农村转移劳动力、城镇就业困难人员的就业问题，着力开发公益性岗位，大力支持以创业促就业，确保全省全年城镇新增就业100万人，新增农村劳动力转移就业100万人，城镇登记失业率控制在4.5%以内，动态消除"零就业家庭"。（2）深入推进全民技能振兴工程，针对农村劳动力、失业人员、初高中毕业后未升学人员、高校毕业生、新成长劳动力、企业职工、退役士兵、残疾人、创业人员等，重点实施农村劳动力转移就业技能计划、"雨露计划"、阳光工程、残疾人就业培训工程等，完成各类职业技能培训300万人以上，提升劳动者素质和就业创业能力。（3）加大小额担保贷款的工作力度，全年发放小额担保贷款 50 亿元以上，着力解决符合条件的待业、就业人员从事创业经营自筹资金不足的困难，大力推动创业促就业工作。

2013 年

十大民生工程工作方案提出：（1）实施就业优先战略和更加积极的就业政策，确保全省全年城镇新增就业 100 万人以上、失业人员再就业 35 万人，帮助困难人员就业 12 万人，城镇登记失业率控制在 4.5% 以内，动态消除"零就业家庭"。（2）加大小额担保贷款力度，扩大小额担保贷款发放范围，全年发放小额担保贷款 50 亿元。（3）实施全民技能振兴工程，针对农村劳动力、失业人员、高校毕业生、新成长劳动力、企业职工、退役士兵、残疾人、创业人员等群体，重点实施农村劳动力转移就业技能培训、失业人员就业技能培训、"雨露计划"、阳光工程、残疾人就业培训工程等，完成各类职业技能培训 300 万人次以上，新增农村劳动力转移就业 80 万人以上。（4）建立完善覆盖城乡的公共就业服务体系和公共就业信息平台，建设 10 个县级就业和社会保障服务中心、40 个乡级就业和社会保障服务站。

2014 年

河南省依然将就业放在十大民生工程工作方案的首位，明确要求：（1）实施就业优先战略和更加积极的就业政策，重点做好高校毕业生、农村转移劳动力、化解产能过剩中出现的下岗失业人员就业工作，确保全省全年城镇新增就业

100 万人以上、失业人员再就业 35 万人，帮助困难人员就业 12 万人，新增农村劳动力转移就业 80 万人，城镇登记失业率控制在 4.5% 以内，动态消除"零就业家庭"。（2）加大小额担保贷款力度，全年发放小额担保贷款 80 亿元，着力解决符合条件的待业与就业人员创业、经营自筹资金不足的困难，大力推进创业促就业工作。（3）实施全民技能振兴工程。针对农村劳动力、失业人员、高校毕业生、新成长劳动力、企业职工、退役士兵、残疾人、创业人员等，重点实施农村劳动力转移就业技能培训、失业人员就业技能培训、"雨露计划"、阳光工程、残疾人就业培训工程等 10 个项目，完成各类职业技能培训 300 万人次。

第一节　实施情况

一　2005 年

全省城镇新增就业人员 120.8 万人，完成计划目标的 150.69%。有 59.83 万人实现再就业，其中"4050"人员再就业 16.71 万人，完成计划目标的 199.4%。城镇登记失业率为 3.45%，低于控制目标 1.05 个百分点。截至 2005 年底，共筹集 10.08 亿元资金用于下岗失业人员再就业，其中，财政安排资金 8.15 亿元。共支出资金 8.8 亿元，其中，用于再就业培训 1.02 亿元，用于公益性岗位津贴 1.7 亿元。

二　2006 年

全省城镇新增就业人员 122.3 万人，完成年度目标任务的 122.3%；下岗失业人员实现再就业 49.86 万人，完成年度目标任务的 151.1%，其中"4050"人员实现再就业 17.99 万人，完成年度目标任务的 149.9%。共筹集就业资金 17.07 亿元，其中财政安排资金 14.94 亿元。共支出就业资金 15.70 亿元，其中用于公益性岗位津贴的资金为 2.44 亿元。

三　2007 年

全省城镇新增就业 130.68 万人，完成年度目标任务的 130.68%。下岗失业人员再就业 53.5 万人，完成年度目标任务的 162.12%，其中"4050"人员再就业 19.9 万人，完成年度目标任务的 165.83%。新增城镇基本养老保险参保人数 42.7 万人，完成年度目标任务的 170.8%；新增城镇基本医疗保险参保人数 68.09 万人，完成年度目标任务的 136.18%。全省实现了动态消除"零就业家庭"。共筹集就业资金 16.69 亿元，其中，财政安排资金 16.14 亿元。全年支出就业资金 17.25 亿元。2007 年用于就业的财政资金超过了筹集数额，体现了河南省对就业工作的重视。

四　2008 年

全省城镇新增就业 113.49 万人，完成年度目标任务的

113.49%；实现下岗失业人员再就业 43.34 万人，其中就业困难人员再就业 15.95 万人，分别完成年度目标任务的131.33% 和 132.92%；"零就业家庭"保持动态为零。农民工务工技能培训计划基本完成，其中，阳光工程完成招生29.6 万人、培训结业 25.7 万人；"雨露计划"完成培训 20.3万人，实现转移就业 18.9 万人；农村劳动力技能培训 63 万人。全省新增农村劳动力转移就业 181 万人，完成年度目标任务的 120.66%，全省外出务工人员总量达 2155 万人。共筹集就业资金 16.8 亿元，其中，财政安排资金 16.38 亿元。全年支出就业资金 17.87 亿元。

五　2009 年

全省城镇新增就业 116.8 万人，为计划人数的 116.8%；城镇登记失业率为 3.5%；失业人员再就业 39.3 万人，其中困难人员再就业 15.7 万人；购买公益性岗位 9.6 万个；"零就业家庭"保持动态为零。950 万名返乡农民工就业问题基本得到解决，新增转移就业 103 万人。共筹集就业资金22.09 亿元，其中，财政安排资金 21.71 亿元。全年支出就业资金 20.96 亿元。

六　2010 年

全省城镇新增就业 132.13 万人，是计划数的 132.13%。失业人员再就业 38.2 万人，是计划数的 109.1%，其中帮助困难人员就业 17.6 万人，是计划数的 173.3%。农村劳动力新增转移就业 105 万人，是计划数的 103%。城镇登记失业率控制在 3.38%。在实施百村万户旅游富民工程方面，全省首批选择 128 个特色旅游村；培育发展了 11943 户农家乐，开办了 201 批（次）培训班，培训有关旅游从业人员 24062 人次，提高了乡村旅游从业人员的素质。全年完成百村万户基础设施建设投资 7.02 亿元，大大改善了乡村旅游发展环境。2010 年，共筹集就业资金 26.87 亿元，其中，财政安排资金 26 亿元。全年支出就业资金 24.95 亿元。

七 2011 年

全年城镇新增就业人员 141.1 万人，为计划数的 141.1%。失业人员实现再就业 42 万人，为计划数的 120%，其中困难人员实现再就业 19.7 万人，为计划数的 131.1%。新增农村劳动力转移就业 102 万人，为计划数的 102%。应届高校毕业生就业率达 84.1%。农村劳动力转移就业总量达 2465 万人，省内转移就业人数首次超过省外转移就业人数。共筹集就业资金 26.42 亿元，其中，财政安排资金 25.55 亿元。全年支出就业资金 26.24 亿元。

八 2012 年

全年城镇新增就业人员 142.7 万人，完成年度目标任务的 142.7%。城镇失业人员再就业 46.50 万人，完成年度目标任务的 124.6%，其中就业困难人员实现就业 20 万人，完成年底目标任务的 166.7%。新增农村劳动力转移就业 105 万人。全省外出务工农民工 2570 万人。全省共筹集就业资金 30.38 亿元，其中，财政安排资金 29.73 亿元。全年支出就业资金 30.73 亿元。

九　2013 年

全年城镇新增就业 143.13 万人，完成年度目标任务的 143.13%。失业人员再就业 46.8 万人，完成年度目标任务的 133.7%，其中就业困难人员实现就业 20.2 万人，完成年度目标任务的 168%。城镇登记失业率为 3.1%。2013 年全省新增小额担保贷款 132 亿元，为年度计划的 264%，发放量创历史新高，继续保持全国第一。继续实施全民技能振兴工程，启动职教攻坚二期工程，完成职业技能培训 382 万人次，进一步增强劳动者就业能力，促进其实现更高质量就业。河南省开展"三支一扶"计划、"大学生志愿服务西部计划"、产业集聚区企业与高校毕业生岗位对接洽谈等活动，促进高校毕业生就业。全年农村劳动力新增转移就业 90 万人，转移就业规模累计达 2660 万人。其中，省内累计实现转移就业 1523 万人，省外输出 1137 万人。持续建立与完善覆盖城乡的公共就业服务体系和公共就业信息平台。全省共筹集就业资金 31.06 亿元，其中，财政安排资金 30.57 亿元。全年支出就业资金 31.09 亿元。

第二节 政策分析

十大民生工程一直是河南省委、省政府向全省人民做出的庄严承诺，也是全省人民关注省委、省政府工作的焦点和重点，更是人民群众实实在在得到实惠的重要载体。自 2005 年实施以来，就业工作一直是河南省民生工程的重中之重。这是因为就业是连接经济增长与人们发展机会的重要桥梁，就业是民生之本。千方百计促进就业和再就业，是各级党委、政府的重要职责。下岗失业群众就业，有事干、有饭吃，直接关乎改革、发展和稳定的大局，关乎最广大人民的根本利益。就业工程实施以来，在河南省委、省政府的正确领导下，各级有关部门坚持统筹城乡就业、扩大就业和调控失业并重，大力开展全民创业活动，多渠道创造就业岗位，使全省就业态势保持基本平稳，为河南省经济社会保持平稳健康发展提供了坚强的保障。

一 主要成效

（一）促进就业成绩显著

截至 2013 年底，全省共新增就业 1163.13 万人，城镇失业人口再就业 419.33 万人，帮助困难人员就业 163.75 人（见表 1-1）。全省农村转移就业规模累计达 2660 万人。

表 1 - 1　2005~2013 年河南省城镇促进就业状况

单位：万人

年份	城镇新增就业人数	城镇失业人员再就业	困难人员就业人数
2005	120.8	59.83	16.71
2006	122.3	49.86	17.99
2007	130.68	53.5	19.9
2008	113.49	43.34	15.95
2009	116.8	39.3	15.7
2010	132.13	38.2	17.6
2011	141.1	42	19.7
2012	142.7	46.5	20
2013	143.13	46.8	20.2
合计	1163.13	419.33	163.75

2005~2013 年全省共筹集就业资金 197.46 亿元，平均每年筹集 21.94 亿元，用于就业的财政安排资金总额为 189.17 亿元，占筹集就业资金总额的 95.8%，平均每年安排约 21 亿元。2005~2013 年就业资金总支出为 193.59 亿元，平均每年 21.51 亿元（见表 1 - 2）。

表 1 - 2　2005~2013 年河南省促进就业方面的资金状况

单位：亿元

年份	就业资金筹集	财政资金安排	就业资金支出
2005	10.08	8.15	8.80
2006	17.07	14.94	15.7
2007	16.69	16.14	17.25
2008	16.8	16.38	17.87
2009	22.09	21.71	20.96
2010	26.87	26	24.95
2011	26.42	25.55	26.24
2012	30.38	29.73	30.73
2013	31.06	30.57	31.09
合计	197.46	189.17	193.59

2005～2014 年，河南省始终把就业工作作为解决民生问题之本、构建和谐中原的基础工程，实施积极的就业政策，坚持统筹城乡就业、扩大就业和调控失业并重的原则，大力开展全民创业活动，多渠道创造就业岗位，就业这项民生工程取得了显著成效。

（1）专项就业扶助效果明显，就业总量稳步增加。2013年底，河南省就业人员总量达 6431 万人，比 2004 年的 5587 万人增加了 844 万人。尤其是开发公益岗位、组织专场招聘会与"就业援助月"等就业服务活动，积极拓宽困难群体的就业渠道，帮助困难群体及时就业、创业。截至目前，全省基本实现了"零就业家庭"动态为零。

（2）河南省大力发展非公有制经济，加快发展劳动密集型产业，以此拓宽就业渠道，增加就业岗位；实现市级以上劳动力市场联网，为劳动者提供准确及时的就业信息，规范劳动力市场管理和职业介绍、职业指导、劳动事务代理等就业服务制度与标准；面向市场需求，加强对下岗失业人员的培训，使培训更有针对性、实用性和有效性。2005～2013 年，全省城镇失业率保持在 3.1%～3.5%。

（3）强化制度建设的长期效果，就业的长效机制初步形成。通过十大民生工程的推动，尤其是农民转移就业投入的不断增大及"雨露计划"、阳光工程的持续推进，全省建立健全了覆盖社会方方面面和各类人群的公共就业服务、人力资源市场、职业培训、就业援助、失业保险和预防五项制度，形成了较为完整的促进就业工作体系。

（4）支持小微企业发展，以创业带动就业的机制基本建立。通过实施十大民生工程，创业培训得以广泛开展，创业主体加快培育，其创业能力持续提升。小额担保贷款发放力度不断加大，工作程序逐步简化，为创业提供资金支持，小微企业获得资金支持更加容易，全省创业活跃度进一步提高，创业对就业的拉动作用明显增强。

（二）政策措施特点显著

（1）重视程度不断加强。十大民生工程已经成为河南省提升民生水平、确保改革红利最大限度释放的重要载体。河南省委、省政府的重视程度在不断加强，从一开始仅仅以普通文件发布，到后来由省委、省政府共同发布，从一开始仅仅听取汇报，到后来在政府工作报告中向全省人大代表报告。2005～2009 年，就业被放在十大民生工程工作方案的第 7～9 位，从 2010 年开始，就业被放在了十大民生工程工作方案的首位，这充分体现了促进就业是最大的民生工程这一理念，未来实现充分就业依然是河南省委、省政府重中之重的工作。

（2）覆盖范围持续扩大。2005 年，河南省的就业民生工作对象还仅仅局限在下岗再就业人员，较为单一。2007 年，河南省首次提出动态消除"零就业家庭"的概念。2008 年，河南省首次将农民进城务工和农村富余劳动力转移就业纳入认真做好就业再就业工作范畴。2010 年，河南省提出加大小额担保贷款工作力度和实施百村万户旅游富民工程。从这些变化中可以看出，河南省将就业工作列入十大民生工程之后，覆盖范围持续扩大，内涵逐渐深入，十大民生工程已经成为统领河南省就业工作的主抓手。

（3）方式方法更加多样。2005 年，河南省的就业民生工作还仅仅局限在定目标、下任务。随着近些年来的不断发展，河南省开始逐步系统化、多样化地实施就业优先战略和更加积极的就业政策，实施全民技能振兴工程等综合、协调的"组合拳"政策措施，使就业工作更加有机地和其他工作结合起来，实现了同步协调、共同发展，不断地发挥了政策组合优势，为全省其他工作的稳步推进提供了坚实基础。

（4）基本超额完成。从历年的数据来看，河南省的就业民生工作基本上都可以超额完成任务，尤其是城镇新增就业、城镇失业率控制方面。这些成绩的取得，是河南各级各部门和社会各界共同努力的结果，在下一步的工作中，河南省应该加压奋进、持续推进，更加有效地完成十大民生工程，为全省经济社会发展做出应有贡献。

（三）对河南省的发展发挥重大支撑作用

促进就业是最大的民生工程，从 2005 年让失业者充分就业，到 2013 年实施就业优先战略和更加积极的就业政策，河南省委、省政府加大扶持力度，通过政策引导，实行有利于就业的财政、金融、税收等政策，广开就业门路，鼓励和扶持人们自谋职业、自食其力、兴业创业。持续实施十大民生工程，对河南省经济社会发展有重大现实意义。一是正确地处理了发展经济和扩大就业的关系，河南省通过经济社会的发展扩大了就业领域与范围，通过就业数量增加保证了经济社会发展的质量和速度，实现了促进经济发展与扩大就业的良性互动。二是正确地处理了经济结构调整和扩大就业的关系，河南省通过鼓励农民转移就业、实施百村万户旅游富民工程等，不断倒逼产业结构转型和调整，实现了经济结构调整和就业结构调整协调推进。三是正确地处理了深化改革和扩大就业的关系，充分地考虑了职工下岗分流和社会可承受能力相适应的关系，河南省通过下岗再就业和帮助困难就业人员就业，有效地消除了群众和企业的后顾之忧，把减员增效和促进再就业有机结合，实现了改革的快速推进。四是正确地处理了城乡经济协调发展和扩大就业的关系，河南省通过实施全民技能振兴工程、阳光工程、"雨露计划"，不断加大农村富余劳动力的转移力度，持续加快河南省城镇化进程，对在更高层次上解决好"三农"问题提供了有力保障。五是正确地处理了完善社会保障体系和扩大就业的关系，河南省通过促进残疾人就业、保证"4050"人员就业、动态消除"零就业家庭"等，保障了困难群众的基本生活，完善了社会保障体系，为深化改革和扩大开放提供了支撑。

二 存在问题

2005～2013年，虽然十大民生工程对河南省的就业形势提供了很多利好，但是受所处发展阶段和经济实力的局限，河南省还有许多亟待解决的问题。

一是目标制定过于宏观。从十大民生工程的目标任务来看，每年对目标任务的制定过于宏观，只提出了总体指标，缺乏对就业结构的细化要求。当前，河南省经济周期延长造成的周期性失业，经济结构调整造成的结构性失业，淘汰落后产能造成的转型性失业，以及选择性机会增多造成的摩擦性失业交织并存。有鉴于此，就业的目标应该更加具体，有重点地开展专项扶持，积极适应当前调结构、促转型的要求。从十大民生工程的具体要求来看，就业工作常态化现象明显。十大民生工程已经成为相关主管部门的日常工作，但跨部门的综合政策略显不足，这对充分发挥十大民生工程的聚力推动作用有一定的削弱，对有针对性地解决就业问题缺乏有效的支撑。

二是针对性、延续性有待提高。十大民生工程在实施过程中，强调了就业的基础地位，但对创业的带动作用没有突出体现。据统计，创业已成为就业新的增长点，一个人创业可以带动4.5个人就业。河南省的十大民生工程对创业工作的肯定和支持力度还远远不够，具体表现在以下几个方面：（1）培训针对性有待提高。在促进就业的各类职业培训中，体系化、终身化的培训机制还没有形成，作为促进就业的重要手段，十大民生工程对这项工作的聚焦较少，不足以解决河南省当前大学生就业难与"技工荒"现象并存的问题。（2）个别政策延续性不足。有些民生工程只是在某一年中出现了，以后就没有再提，这就造成了一定的政策浪费，需要在强化中心工作的同时，提高其他政策的连续性和与其他民生工程的衔接性。

三是手段较为单一。十大民生工程的就业工作突出了对就业人数和就业数量的要求，但是项目支持不够，尤其是在促进就业的孵化园和孵化中心发展方面，孵化园和孵化中心对帮助初创者积累创业经验、降低创业风险有重要的支撑作用，为创业者提供创业培训、小额贷款、项目选择、创业咨询、创业孵化、工商注册、税务申报等"一条龙"服务非常有必要。但是十大民生工程对这类项目的支撑还不到位。从2005~2014年的就业资金筹集情况来看，财政安排资金占就业筹集资金的90%以上，没有发挥社会资本应该发挥的重大效益，制约了就业这项民生工程的效应最大化。

四是促进就业的体系还没有形成。十大民生工程已经开展了多年，但是适合河南省的、完善的、接续能力强的就业体系还没有完全形成。劳动者的就业再就业政策、失业过程中的社保政策和帮扶政策、转型就业的培训政策等相互衔接，配套的政策体系还有待进一步完善，一条贯穿就业始终、覆盖社会各领域的就业促进和帮助系统还没有完全形成，就业促进和扶持政策零碎化现象较为明显。

第三节 政策建议

2014 年中央经济工作会议指出："做好就业工作，要精准发力，确保完成就业目标。要更好发挥市场在促进就业中的作用，鼓励创业带动就业，提高职业培训质量，加强政府公共就业服务能力。"河南省委经济工作会议指出："要把稳定就业作为经济发展的优先目标，提高劳动者就业技能，推动实现更高质量的就业；更多吸纳高校毕业生就业创业，引导和鼓励他们到基层就业创业。"为更好地贯彻落实中央精神和河南省委的决策部署，进一步发挥就业在适应经济新常态中的支撑作用，建议如下。

一 确保就业目标的完成，坚持把就业工作作为十大民生工程的重中之重持续推进

今后的很长一段时期，全省的就业形势依然严峻，作为民生第一要务的就业工作，必须持续抓紧抓好抓出成效。要把解决好就业问题作为经济发展的优先目标和政府工作的第一要务，纳入各级各部门的年度考核目标，实施更加有效的就业战略和更加积极的就业政策，通过保持经济的一定增速和调整产业结构优化增加就业岗位，建立经济增长和扩大就业的联动机制。在编制河南省各项经济发展规划、确定经济发展速度时，要把解决就业问题与推动新型城镇化和城乡一

体化结合起来，优先考虑扩大规模需要，使经济健康快速发展的过程成为就业持续扩大的过程。通过优化产业结构，提高服务业就业比重、稳定制造业就业比重，创造更多的就业机会，在经济增速相对放缓的背景下，持续扩大就业规模。

二　更好地发挥市场的促进作用，更多地运用社会资金和运用好财政资金，支持就业工作

探索新机制和新模式，降低准入门槛，鼓励和引导民间资本参与就业民生工程建设，使民间资本在发挥最大效益的同时，最大限度地回报社会。更好地发挥财政资金的杠杆作用，综合使用财政、金融、税收等有关政策，在保证社会资本合理利润的同时，吸收更多社会资本用于支持扩大就业规模和促进就业民生工程的实施。加大资金投入力度，提高政府投资开发公益性岗位，开展就业援助行动，更多地帮助困难群体就业，真正发挥财政资金的公共服务作用。

三　坚持精准发力，细化各项目标任务，开展更有针对性的就业帮扶

认真研究当前就业的形势，对就业民生工程的目标任务进行细化，配合河南省当前的总体政策，有针对性地开展就业专项工作。可以以专项就业年的形式，每年确定不同的主题，在搞好普遍就业的同时，大力推进年度重点帮扶。开展部门联动，把就业民生工程的实施同当前的中心工作更加紧

密地结合起来。同时，发挥就业工作的巨大带动作用，有效促进就业目标的实现。尤其是在新增转移就业方面，要针对进城农民的特点，在加大培育力度的同时，开发一定的过渡性、公益性岗位，为进城农民融入城市提供有效的缓冲平台。

四 鼓励创业带动就业，建立健全以创业带动就业的新模式和新机制

创业是就业之源，具有带动就业的倍增效应。要完善政府创业带动就业的优惠政策，通过税收减免、资格审查简化等，切实为创业者减轻负担，如向创业资金缺乏的创业者提供小额贷款；鼓励各方发挥资源优势，提供便利的场地，为初期创业者提供良好的外部环境，持续推进创业示范城市建设，进一步引导广大高校毕业生转变就业观念，增强劳动者特别是青年人的创业意识，营造政府激励创业、社会支持创业、劳动者勇于创业的大环境。

五 更有针对性地开展职业教育和建立劳动者终身职业培育体系

持续推进职业教育攻关，努力打造一批教育教学水平高、师资好、学生素质高的高等职业技术学校，将这一打造目标列入十大民生工程。进一步健全全民劳动培养体系，完善就业技能培训和岗位技能培训工作机制，使每个劳动者都有机会接受相应的就业技能培训。加大新型职业农民的培训力度，

打造一批懂技术、会管理的新型职业农民，有效解决"谁来种地"的问题。创新技能人才培养模式，畅通技能人才职业发展通道，构建适合劳动者职业生涯发展不同阶段需求的终身职业培养体系。在十大民生工程实施过程中，进一步明确政府在职业培训中的责任，发挥财政资金的激励和引导作用。

（执笔：侯朝濮）

第二章 社会保障

背景资料

2005 年

河南省承诺："健全社会保障制度,努力使下岗职工、农村五保户、贫困户、残疾人等困难群体弱有所助、困有所济。"

2006 年

关于加大困难群体救助和扶贫开发力度问题,河南省承诺:"提高城市居民最低生活保障标准。对农村特困人口每人每月生活最低补助标准提高到 15 元。加强农村敬老院建设,提高'五保户'集中供养率。加大扶贫开发投入,力争 60 万农村贫困人口脱贫和解决温饱问题。"

2007 年

在加强城镇就业再就业和社会保障工作方面,河南省承诺:"全面落实就业再就业优惠政策,积极促进下岗失业人员再就业,加大对'4050'人员、城镇低保人员、零就业家庭等困难群体再就业的帮扶力度，确保全年城镇新增就业100万人，消除零就业家庭8000户以上，实现下岗失业人员再就业33万人，其中'4050'人员12万人。扩大社会保险覆盖面，新增城镇基本养老保险参保人数25万人、城镇基本医疗保险参保人数50万人。"

在加大对城乡困难群体的救助力度方面，河南省承诺："完善农村低保制度，适当提高农村低保补差标准，确保每人每月补差不低于30元，覆盖人口达250万左右。农村五保户集中供养率提高到30%。增加对城乡医疗救助的资金补助，确保补助金额高于上年。"（2）"加大扶贫开发力度，力争70万农村贫困人口脱贫和解决温饱。"

2008年

加强社会保障和对城乡困难群众的救助。（1）在企业退休人员养老金方面，河南省承诺：继续提高企业退休人员基本养老金水平，人均增加100元以上。（2）在城乡低保和五保方面，河南省承诺：将城市低保对象人均月补差标准由70元提高到95元。将农村低保标准由不低于30元提高到不低于40元。省级筹措资金1亿元，支持新建、改建和扩建农村敬老院，争取农村五保对象集中供养率达到40%。将集中供养五保对象的最低标准由每人每年1200元提高到1400元，分散供养五保对象的最低标准由每人每年1000元提高到1100元。（3）在扶贫开发方面，河南省承诺：加大扶贫开发力度，完成1000个贫困村的整村推进脱贫任务，完成4500

户、20000 人深山区散居户、独居贫困人口搬迁扶贫，确保全年全省 100 万农村贫困人口脱贫和解决温饱。

2009 年

在提高城乡居民特别是低收入群体的收入方面，河南省承诺："继续提高企业退休人员基本养老金水平，人均月增加 100 元以上。建立城乡居民最低生活保障标准正常调整机制，适当提高城乡低保补助水平。对农村低保对象全面复核认定，实行分类施保，动态管理，基本实现应保尽保。巩固农村五保集中供养率，完善敬老院生活设施，改善供养条件，将年供养标准由 1400 元提高到 1600 元。提高计划生育奖励扶助标准，对农村只有一个子女或两个女孩的计划生育家庭，夫妇年满 60 周岁以后奖励扶助金由每人每年 600 元提高到 840 元。全面实施计划生育家庭特别扶助制度，对独生子女死亡或伤、病残后未再生育或收养子女家庭的夫妻，按每人每月 100 元和 80 元的标准发放扶助金。落实好提高优抚对象和新中国成立前老党员抚恤和生活补助标准。提高抗日战争时期参加革命的离休干部护理费标准，为解放战争时期参加革命的离休干部发放护理费。"

2010 年

河南省承诺：（1）继续提高企业退休人员养老金，幅度不低于全省平均养老金水平的 10%。（2）在 21 个县（市、区）开展新型农村社会养老保险试点，对试点县（市、区）60 岁以上自愿参保的农村居民，给予每人每月不低于 60 元的补贴。（3）完善城乡社保制度，适当提高城乡低保标准，做到应保尽保。（4）提高农村五保供养水平，年分散供养标准每人不低于1200元，年集中供养标准不低于2000元（21个新型农村社会养老保险试点除外）。（5）放宽中小城市和城镇落户条件，重点解决已经在城镇工作两年以上，就业、住房、收入相对稳定的进城农民的落户问题。（6）大力开展法律援助活动，为困难群众免费提供法律咨询、诉讼代理，大幅度提高法律援助办案数量，努力做到应援尽援。

2011年

河南省承诺：（1）继续提高企业退休人员养老金。（2）在抓好2010年21个县（市、区）新型农村社会养老保险试点的基础上，增加22个县（市、区）列入试点范围，对43个试点县（市、区）60岁以上自愿参保的农村居民，给予每人每月不低于60元的政府补贴。（3）完善城乡社保制度，适当提高城乡低保标准和补助水平，做到应保尽保。（4）巩固和提高农村五保对象集中供养率，提高供养标准，年分散供养标准每人不低于1320元，年集中供养标准不低于2240元。

2012年

河南省承诺：（1）按照国家统一部署，2012年继续提高企业退休人员养老金调整幅度不低于上年度人均养老金的10%。（2）将尚未实行城乡居民社会养老保险的58个县（市、区）全部纳入试点范围，实现城乡居民社会养老保制度全覆盖。提高城乡居民基本养老保险待遇，对 60 岁以上自愿参保的城乡居民，给予每人 60 元/月的基础养老金。（3）完善农村五保制度，适当提高供养标准，确保农村五保对象集中供养率在 45% 以上，年集中供养标准不低于 2480 元，年分散供养标准每人不低于 1500 元。（4）建设社会保障一卡通体系，发行社会保障卡 2000 万张，方便持卡人在全省各地享受城镇基本医疗费用结算、城乡居民养老保险待遇领取，享受银行提供的金融服务。（5）全面建立全省孤儿基本生活保障制度，落实最低养育标准，全省社会散居孤儿最低养育标准每人每月 600 元，政府供养孤儿最低养育标准每人每月 1000 元。（6）大力开展法律援助活动，扩大法律援助覆盖面，拓宽法律援助申请渠道，为困难群众免费提供法律咨询、诉讼代理。加大法律援助办案数量，努力做到应援尽援，全省全年办案 5 件以上，法律咨询 26 万人次。（7）全面落实人口和计划生育奖励扶助制度和特别扶助制度标准。对于参加城乡居民社会养老保险的独生子女父母和计划生育双女父母，当地人民政府给予相应补贴。

2013 年

河南省承诺：（1）按照国家统一部署，自 2013 年 1 月 1 日起，继续提高企业退休人员养老金，提高幅度按 2012 年企业退休人员月人均基本养老金的 10% 确定。（2）加快社会保障一卡通建设，新增发卡 1800 万张，初步实现城镇基本医疗保险及时结算、城乡居民养老金发放和银行业务全省一卡通。

（3）大力开展法律援助活动，为困难群众免费提供法律援助、诉讼代理，法律援助覆盖人群由3500万人增加到4000万人以上，占全省人口比例由35%上升到40%。加大法律援助力度，努力做到应援尽援，全省全年办案8万件以上，咨询达到30万人次。（4）改扩建20个县级社会福利中心、6个精神康复类医院，新开工建设8个机构类和社区类养老服务设施，为孤儿、三无老人、失能及半失能老人、精神病人等特殊困难群体提供基本福利服务。（5）进一步调整和提高城乡低保对象保障标准和补助水平，城乡低保对象每人每月平均补助水平分别提高15元和12元。（6）提高农村五保对象供养标准，力争集中供养率达到47%，集中供养标准由2012年的2480元/年提高到3200元/年，分散供养标准由2012年的1500元/年提高到2220元/年。

2014 年

河南省承诺：（1）按照国家统一部署，从2014年1月1日起，将企业退休人员基本养老金平均水平再提高10%。（2）加强城乡最低生活保障动态管理，切实保障低保对象基本生活。（3）完善社会养老服务体系。争取国家投资补助，支持10个养老项目开工建设；采用政府购买服务、政策引导等方式鼓励社会资金参与养老设施建设。（4）新建16个集养护、康复、托管于一体的县级社会福利中心，为孤儿、精神病人、"三无"（无劳动能力、无生活来源、无法定义务赡养人）老人、生活无着流浪乞讨人员等特殊困难群体提供基本社会福利服务。（5）选择 3 个省辖市、1 个县建设残疾人康复中心或托养中心，为更多的残疾人提供康复训练、特殊教育和培训辅导等服务，提高残疾人生活自理能力和适应社会能力。

第一节 实施情况

一 政策主要内容

为了更方便读者理解，本研究制作了表 2 - 1 说明 2005 ~ 2014 年河南省十大民生工程中社会保障项目的主要涉及内容。

表 2 - 1 2005 ~ 2014 年社会保障项目主要涉及内容

年份		2005	2006	2007	2008	2009	2010	2011	2012	2013	2014
社会保险	城市基本养老保险			√					√		
	农村基本养老保险						√	√	√		
	城市医疗保险			√							
	农村医疗保险										
社会救助	社会保障一卡通								√	√	
	五保户集中供养	√	√		√	√	√	√	√		
	扶贫开发	√	√	√							
	城市低保		√	√		√	√	√		√	√
	农村低保			√		√	√	√		√	√
	下岗职工	√		√							
	特别救助（灾区、医疗）			√							

续表

年份		2005	2006	2007	2008	2009	2010	2011	2012	2013	2014
社会福利	养老服务设施建设（收费）									√	√
	企业退休养老金				√	√	√	√	√	√	√
	计划生育奖励扶助					√			√		
	法律援助						√				
	孤儿、残疾人、精神病人基本生活	√							√	√	√
优抚安置	抗日战争、解放战争时期参加革命的离休干部、军人的补助					√					

　　社会保障分为社会保险、社会救助、社会福利、优抚安置、社会互助五大类，其中前四类政府都应当承担责任。我们可以看到，2005～2014 年，十大民生工程持续关注社会保障，在社会保险、社会救助、社会福利、优抚安置四个方面都有涉及，基本承担了政府责任。

　　社会保障类的民生工程，实际上是伴随着我国社会保障制度的完善发展而来的，对社会保障制度的发展起到了有力的推动作用。2005 年河南的十大民生工程工作方案对社会保障的表述仅有一句话："健全社会保障制度，努力使下岗职工、农村五保户、贫困户、残疾人等困难群体弱有所助、困有所济。"这一年，河南省开始关注社会保障制度的健全问题，虽然大的门类上以社会救助为主，同时考虑了社会福利，但实际上还是立足于解决困难群体的生活困境。这与当年深化国有企业改革以致大量工人下岗、困难群体增多有密切关系。

总览 2005～2014 年河南省社会保障类的民生工程内容，2010 年前较多地着力于社会救助，后期较多地关注社会福利，十年间整体推进了社会保险的普及，提高了人民的福祉，并且扩大了优抚安置的范围。

在社会保险方面，河南省从 2007 年开始扩大社会保险覆盖面，提高城镇基本养老、城镇医疗保险参保人数。2010 年，河南省开始推进新型农村社会养老保险试点，2011 年持续扩大新型农村社会养老保险试点。2012 年，河南省实现了城乡养老保险全覆盖。另外，河南省开始推行社会保障一卡通建设，优化社会保障的管理流程，提高人民享受社保的方便程度。

在社会救助方面，10 年中有 8 年在持续关注农村五保户的集中供养问题、城市低保与农村低保问题。另外，河南省 2005～2008 年持续进行了扶贫开发建设。

在社会福利方面，2008～2014 年，河南省持续关注了企业退休养老金；10 年中有 4 年关注了孤儿、残疾人、精神病人的基本生活；2010 年、2012 年、2013 年这 3 年关注了法律援助；2009 年、2012 年对计划生育奖励扶助进行了关注；2013 年、2014 年开始引导社会资金参与养老服务设施建设。

在优抚安置方面，2009 年河南省提出了："落实好提高优抚对象和新中国成立前老党员抚恤和生活补助标准。提高抗日战争时期参加革命的离休干部护理费标准，为解放战争时期参加革命的离休干部发放护理费。"这与 2009 年是新中国成立 60 周年有密切联系。

二 落实情况分析

笔者查询了 2005～2013 年河南省十大民生工程工作方案的落实情况，其资料来源包括十大民生工程工作总结、相关年份政府工作报告，我们用表 2-2 显示了具体落实情况。

表 2-2 2005～2013 年十大民生工程社保类落实情况

年份		落实情况		资金（亿元）	备注
2005	社会救助	灾民住房	政府帮建 15336 户 3 万间灾民住房	—	承诺的对残疾人的照顾在落实中未体现，比原计划多了建造灾民住房
		城市低保	城市低保对象人均补差 58 元,1～11 月累计发放低保金 8.7066 亿元	8.7066	
		五保户集中供养	省财政安排五保户供养经费支出	4.6242	
		下岗职工保障	筹集发放国有企业下岗职工基本生活保障资金	2.41	
2006	社会救助	城镇低保	城市低保标准和补差全面提高。全省城市低保标准较 2005 年平均提高 19 元，人均补差达 70 元	—	

年份	落实情况		资金（亿元）	备注
2006	社会救助	农村低保	农村低保全面实施。按照河南省人民政府《关于全面建立和实施农村居民最低生活保障制度的通知》要求,各地从 2006 年 7 月 1 日起将原有的农村特困户全部转为低保对象,并从当月起开始执行每人每月不低于 20 元的补差规定	—	—
		五保户集中供养	农村敬老院建设力度加大。省级资金资助新建、改建和扩建的 781 所敬老院已竣工,并投入使用。全省各地的五保户集中供养率均超过了 20% 的省定任务,较好地改变了农村孤寡老人的生存状况,使他们"老有所养、老有所助、老有所依"	—	
		扶贫开发	扶贫开发成效明显。国家分配河南省财政扶贫资金 5.218 亿元(不含以工代赈资金),省财政配套资金 7700 万元,均已落实到位,共解决了 68 万农村人口的脱贫和温饱问题	5.218	

年份	落实情况		资金 （亿元）	备注
2007	社会救助	农村低保	农村低保工作顺利实现提标扩面。全省原有农村低保对象补差标准提高工作在2007年第一季度全部落实，6月底扩面任务顺利完成。前三季度，全省共有农村低保对象258.95万人，月人均补差31.39元，累计发放农村低保金6.1938亿元	—	—
		五保户集中供养	农村五保户集中供养工作稳步推进。全省共投入农村敬老院建设资金5.72亿元，新建和改建、扩建敬老院1207所。年底前农村五保户集中供养率在30%以上	—	
		特别救助	在医疗救助方面，城乡医疗救助水平稳步提高。前三季度，全省共纳入医疗救助450.19万人次，筹集资金3.077亿元，救助贫困群众182.89万人次，累计发放救助资金1.1243亿元。城乡医疗救助资金补助比上年增长了30.16%。在灾区救助方面，各级财政共筹措资金6.69亿元，解决灾区群众生产生活困	—	

续表

年份	落实情况			资金（亿元）	备注
2007	社会救助	特别救助	难。全省灾区需政府帮建的倒塌住房 69985 间全部建成,并具备居住条件;灾区水利、道路、电力、通信等基础设施全部恢复;中小学校如期开学;无大的疫病流行;各种生产生活物资供应充裕,市场平稳;社会治安大局稳定	—	—
		扶贫开发	一是实施整村推进项目 2204 个,极大地改善了贫困村的生产生活条件。二是开发式扶贫推动了贫困县县域经济的快速发展。三是贫困村群众素质、文明程度有了较大提高,社会更趋和谐稳定。预计当年将有 78 万农村贫困人口脱贫和解决温饱	—	
		养老保险	截至 11 月底,新增城镇基本养老保险参保人数 42.7 万人,完成年度目标任务的 170.8%	—	
		医疗保险	截至 11 月底,新增城镇基本医疗保险参保人数 68.09 万人,完成年度目标任务的 136.18%	—	

年份		落实情况		资金（亿元）	备注
2008	社会福利	企业退休养老金	在企业退休养老金方面，月人均增加养老金105元，并全部发放到位	—	—
	社会救助	城市低保	至2008年11月底，累计为145.2万城市低保对象发放补贴18.7亿元，人均月补差118元（承诺将人均月补差标准由70元提高到95元）	—	
		农村低保	为268万农村低保对象发放补贴14.4亿元，人均月补差标准达50.7元（承诺将农村低保标准由不低于30元提高到不低于40元）	—	
		五保户集中供养	投入资金8.3亿元（其中省级投入1亿元），新建、改建和扩建农村敬老院1091所，农村五保户集中供养率达42.33%（承诺省级筹措资金1亿元，支持新建、改建和扩建农村敬老院，争取农村五保对象集中供养达40%）。全年为47.1万农村五保对象发放供养金5.95亿元。集中供养五保对象和分散供养五保对象的最低标准分别达到每人	—	

年份		落实情况	资金（亿元）	备注
2008	社会救助	五保户集中供养	每年 1400 元和 1100 元（承诺将集中供养五保对象的最低标准由每人每年 1200 元提高到 1400 元,分散供养五保对象的最低标准由每人每年 1000 元提高到 1100 元）	—	—
		扶贫开发	筹措资金 24.9 亿元,完成了 1056 个贫困村的整村推进脱贫任务,对深山散居、独居贫困的 5362 户 21881 人实施了搬迁扶贫。有 106 万的农村贫困人口实现脱贫并解决温饱问题(承诺加大扶贫开发力度,完成 1000 个贫困村的整村推进脱贫任务,完成深山散居、独居贫困的 4500 户 20000 人的搬迁扶贫任务,确保全年全省 100 万农村贫困人口脱贫和解决温饱问题)	—	
2009	社会救助	城市低保	全省城市居民最低生活保障平均标准由 2008 年的每人每月 161 元提高到每人每月 179 元	—	
		农村低保	农村居民最低生活保障平均标准由 2008 年的每人每年 900 元提高到每	—	

续表

年份		落实情况		资金（亿元）	备注
2009	社会救助	农村低保	人每年1080元。全省有农村低保对象211.84万户363.95万人，全年累计发放农村低保补助资金18.9亿元，人均月补助51.52元	—	一是建立了城乡居民最低生活保障标准正常调整机制。二是首次关注了计划生育奖励扶助，十年间关注了2次。三是关注了优抚安置
		五保户集中供养	全省有农村五保对象47.5万人，集中供养率达42.2%，五保对象集中供养月人均水平达142.4元，年供养标准达1700元	—	
	社会福利	计生扶助	提高计划生育奖励扶助标准，共为全省125350个计划生育奖励扶助对象发放奖励扶助金10529.4万元。全面实施计划生育家庭特别扶助制度，共为全省8385个计划生育特别扶助家庭发放特别扶助金928.63万元	—	
		企业退休养老金	自2009年1月1日起，为2008年12月31日前办理退休（退职）手续的210.2万企业退休人员人均月增加养老金122.92元，月人均养老金水平由调整前的1005.81元提高到1128.73元	—	

年份	落实情况			资金（亿元）	备注
2009	优抚安置	—	一是提高优抚对象补助标准。自2009年10月1日起,将残疾军人残疾抚恤金、烈属的定期抚恤金、在乡退伍红军老战士的生活补助标准平均提高15%,在乡复员军人、带病回乡退伍军人、参战和参加核试验退役人员生活补助标准每人每月提高70元。二是提高新中国成立前老党员生活补助标准。自2009年10月1日起,河南省将新中国成立前老党员生活补助标准每人每月提高70元。三是提高抗日战争时期参加革命的离休干部护理费标准。自2009年7月1日起,河南省将抗日战争时期参加革命的离休干部护理费标准由每人每月400元提高到600元。四是为解放战争时期参加革命的离休干部发放护理费。自2009年7月1日起,河南省将解放战争时期参加革命工作的市级离休干部及其他离休干部护理费标准分别由每人每月400元和300元提高到600元和500元	—	

续表

年份	落实情况		资金 （亿元）	备注
2010	社会保险	医疗保险	—	—
		新型农村合作医疗报销封顶线由 3 万元提高到 6 万元，城镇居民医保报销比例提高了 10 个百分点		
		养老保险		
		全省 37 个新型农村社会养老保险试点县（市、区）参保人数达 1211.8 万人，共为 251.1 万名符合条件的农村居民发放基础养老金 12.4 亿元，每人每月财政补贴标准为 60 元左右		
	社会救助	五保户集中供养	—	
		农村集中供养五保户供养金较上年提高 400 元。河南省将农村五保对象年分散供养标准提高到不低于 1200 元，年集中供养标准提高到不低于 2000 元。全省有农村五保对象 47.7 万人，其中集中供养 20.78 万人，分散供养 26.92 万人。全年累计发放农村五保供养资金 7.85 亿元；五保对象集中供养月人均水平达 171.71 元，分散供养月人均水平达 103.4 元		

年份	落实情况			资金 （亿元）	备注
2010	社会救助	农村低保	农村低保实现了"应保尽保"，人均月补助较上年提高了10元，达到不低于60元的标准。有农村低保对象369.55万人，月人均补差水平达62.8元，累计发放农村低保金28.07亿元	—	一是试点新型农村养老保险。二是首次提供法律援助
		城市低保	城镇低保人均月补助较上年提高了15元，达到不低于145元的标准。全省有城市低保对象149.16万人，月人均补差水平达148.5元，累计发放城市低保金24.28亿元	—	
		企业退休养老金	为全省226.1万名企业退休人员人均月增加养老金148.95元。全省企业退休人员人均养老金水平由1128.96元提高到1277.91元	—	
		法律援助	在律师事务所、法律服务所和基层司法所建立法律援助受理点2802个，在工、青、妇、老、残等部门建立法律援助工作站588个，在中级、基层人民法院设立法律援助值班律师办公室177个，基本建立了覆盖城乡的法律服务网络。全年共受理法律援助案件5.1万件，接待群众各类咨询22万余人次	—	

续表

年份	落实情况		资金（亿元）	备注
2011	社会保险	养老保险	—	累计投入资金 133.05 亿元（其中财政资金 110.18 亿元,占年初预算的 177.1%）
		集体企业 65.5 万应保未保人员实现老有所养。新农保试点县份扩大至 101 个。城镇居民社会养老保险试点县份达 98 个		
		医疗保险		
		城镇基本医保和新农合参保率分别达 93.8% 和 97%	—	
	社会福利	企业退休养老金	—	
		自 2010 年 1 月 1 日起,共为全省 226.1 万名企业退休人员人均月增加养老金 148.95 元。全省企业退休人员人均养老金水平由 1128.96 元提高到 1277.91 元		
2012	社会保险	养老保险	—	—
		全省 158 个县（市、区）已全部实施城乡居民养老保险工作。全省城乡居民养老保险参保人数达 47.19 万人,参保率达 92%。领取养老金人数为 1140 万人,月人均领取养老金不低于 60 元		
		五保户集中供养	—	
		全省农村五保对象为 47.73 万人,其中集中供养 21.47 万人。集中供养五保对象保障水平全省平均达 2640 元,超出目标任务 160 元;分散供养五保对象保障水平达 1570 元,超出目标任务 70 元		

续表

年份	落实情况			资金（亿元）	备注
2012	社会福利	企业退休养老金	调整企业退休人员基本养老金,为全省企业退休人员月人均增加养老金201元,增加幅度为14.4%,超出调整幅度不低于10%的目标。调整后,河南省企业退休养老金水平达1593元,居全国第19位、中部六省第2位	—	—
2013	社会保险	养老保险	城乡居民养老保险参保人数增加57.4万人,城镇职工基本养老保险参保人数增加214.8万人	—	—
		医疗保险	城镇职工基本医疗参保人数增加58.5万人。新农合和城镇居民医保财政补助标准提高到280元,新农合重大疾病保障病种从20个增加到35个	—	
	社会救助	城乡低保	城乡低保对象人均年补助标准分别提高180元、144元,农村五保对象人均年供养标准提高720元	—	
	社会福利	企业退休养老金	企业退休人员基本养老金人均月增171元	—	
		孤儿等	4.8万名孤儿享受基本生活补助;新建县级社会福利中心21个	—	

在社会保险方面，2005～2014年，围绕国家的社会保险制度改革，河南省实现了城乡养老保险全覆盖，并且推行了社会保障一卡通。2007年，河南省开始扩大城镇基本养老保险、医疗保险覆盖面。2011年，河南省开始试点农村养老保险，并且在2012年开始在养老、医疗保险方面试行一卡通。

在社会救助方面，河南省10年中有8年关注了农村五保户的集中供养，集中供养率从2006年的20%多增长到了2012年的超过45%。而且在具体的供养标准上，集中供养与分散供养标准都得到了提高，2007～2013年，集中供养标准由每人每年1200元提高到了每人每年3200元，分散供养标准由每人每年1000元提高到了每人每年2220元（见图2-1）。

图2-1　2007～2013年农村五保户供养标准比较

在社会福利方面，河南省一直进行退休职工的养老金增加工作。2007～2014年，企业退休人员月人均养老金由

900.81 元增加到了 1764.00 元（见图 2 - 2），这保障了退休职工能够多享受社会建设的收益。

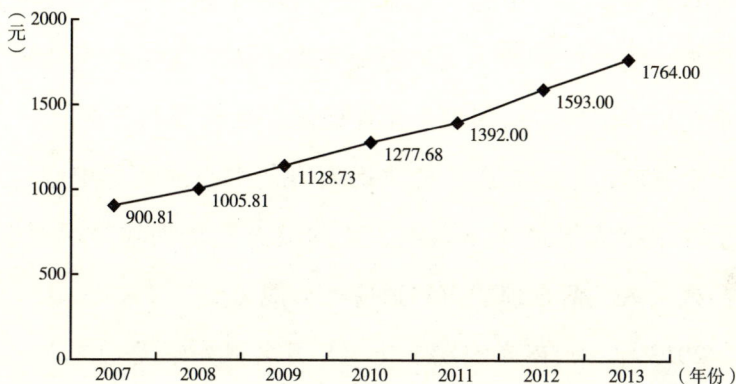

图 2 - 2　2007～2013 年企业退休人员人均养老金水平

河南省在 2005～2014 年中有 6 年关注了孤儿、残疾人、精神病人的福利。其中，2005 年比较笼统地介绍要对残疾人等困难群体进行照顾。2006 年只是提到了对困难群体进行照顾，但在实际执行中，也包括了对残疾人的照顾。2010 年提出："全面建立全省孤儿基本生活保障制度，落实最低养育标准，全省社会散居孤儿最低养育标准每人每月 600 元、政府供养孤儿最低养育标准每人每月 1000 元。" 2012 年提出："全面建立全省孤儿基本生活保障制度，落实最低养育标准，全省社会散居孤儿最低养育标准每人每月 600 元，政府供养孤儿最低养育标准每人每月 1000 元。" 2013 年提出："改扩建 20 个县级社会福利中心、6 个精神康复类医院，新开工建设 8 个机构类和社区类养老服务设施，为孤儿、三无老人、失能及半失能老人、精神病人等特殊困难群体提供基本福利服务。"2014 年提出:"新建 16 个集养护、康复、托管于一体的县级社会福利中心,为孤儿、精神病人、'三无'(无劳动能力、无生活来源、无法定义务赡养人)老人、生活无着流浪乞讨人员等特殊困难群体提供基本社会福利服务。""选择 3 个省辖市、1 个县建设残疾人康复中心或托养中心,为更多的残疾人提供康复训练、特殊教育和培训辅导等服务,提高残疾人生活自理能力和适应社会能力。"

2013 年,河南省实现了让 4.8 万名孤儿享受基本生活补助;新增机构养老床位 3.8 万张;新建县级社会福利中心 21 个。连续三年该项任务越来越具体,职责越来越明确,提高了孤儿、残疾人、精神病人等特殊群体的整体福利。2010 年、2012 年、2013 年,河南省关注了法律援助。这表明河南省的社会福利开始从简单的资金补助扩大到了对权利平等的关注。2009 年、2012 年,河南省对计划生育工作进行了关注,这是我国特殊的社会福利政策。2013 年、2014 年河南省开始引导社会资金参与养老服务设施建设。

在优抚安置方面,2009 年是新中国成立 60 周年,这一年河南省十大民生工程对优抚安置的落实超过计划。自 2009 年 10 月 1 日起,河南省将残疾军人残疾抚恤金、烈属的定期抚恤金、在乡退伍红军老战士的生活补助标准平均提高 15%,在乡复员军人、带病回乡退伍军人、参战和参加核试验退役人员生活补助标准每人每月提高 70 元;将新中国成立前老党员生活补助标准每人每月提高70元。自2009年7月1日起，河南省将抗日战争时期参加革命的离休干部护理费标准由每人每月400元提高到600元，将解放战争时期参加革命的市级离休干部及其他离休干部护理费标准分别提高到每人每月600元和500元。

第二节　政策分析

一　主要成效

随着河南省十大民生工程的推进，在社会保障领域，一个较为完备的社会保障体系初步形成，政策社会化程度不断增强，逐渐摆脱了原来计划经济体制下的"单位保障""企业保障"，形成了全新的以"个体"为保障单元的新的社会保障体系。河南省社会保障制度改革的目标是：建立适应社会主义市场经济体制和社会主义和谐社会要求的、资金来源多渠道、保障方式多层次、权利和义务相统一、管理体制集中统一、管理服务社会化的社会保障体系框架；建立适应多种经济形式的劳动者、覆盖城乡居民的社会保障体系。十大民生工程工作方案的实施，丰富和深化了这一目标。

（一）社会保障大大提高了群众对政府的满意度，增加了社会福祉

在调研中，提到目前的社会保障政策，很多群众发自内心地夸赞政府，对政府的满意度极高。在社保政策方面，养老保险、医疗保险的全面推行，给了基层困难群众切实的生活保底资金，增强了群众对稳定生活的预期，使群众感受到了社会家庭的关照。以驻马店市最低生活保障为例，驻马店市城市低保对象涵盖108573人，农村涵盖337433人，涵盖面为30%，低保实际发放城市每人每月195元、农村每人每月99元，这些钱可以给困难群体最基本的生活保障。

（二） 社会保障体系的完备性不断增强

2005～2014年，十大民生工程工作方案持续关注社会保障工作，从2005年简单的"解决好困难群体的救助问题"一句话到2014年涉及五个方面的一个系统的社会保障体系，社会保障关注的内容从最基本的社会救助变为社会保险、社会福利、社会救助、优抚安置全方位覆盖，从基本的物质生存层面的保障上升到了包括精神层面的救助，成效显著。

2010年是转折之年，这一年，十大民生工程工作方案社保类开始试点新型农村社会养老保险制度，完善城乡社保制度，提高城乡低保标准，做到应保尽保。这一年，河南省整个社会保障的转型工作基本完成。在随后的几年里，社会保障类政策不断完善发展，开始以"个体"为基本的保障单元，形成全方位的保障体系。

（三） 社会保障力度不断增强

一是社会保障制度覆盖面不断扩大。社保类政策惠及人数逐渐增多，社会保险的参保人数逐年增加，社会救助、社会保险都在扩大受益面，城乡养老保险、医疗保险基本实现了全覆盖。二是保障标准不断提高。随着经济发展水平的提高，河南省不断加大对民生的投入。2007～2013年，企业退休人员月人均养老金水平从900.81元提高到了1764元。农村五保户的分散供养标准从2007年的每人每年1000元增加到了2013年的每人每年2220元；集中供养标准从2007年的每人每年1200元增加到了2013年的每人每年3200元。

（四）社会保障政策侧重于救助

从2005～2014年的政策分析内容中，我们发现相关政策更多地偏向社会救助，如2005～2008年连续四年进行扶贫开发，困难群体救助连续十年不间断，企业退休养老金增加计划十年不间断，城乡低保持续存在，农村养老服务、城镇基本养老保险持续发展，等等。2014年12月18日，河南省人民政府《关于印发河南省社会救助实施办法的通知》指出，社会救助工作应坚持托底线、救急难、可持续的总体要求，遵循公开、公平、公正、及时的原则，与其他社会保障制度相衔接，社会救助水平应当与当地经济社会发展水平相适应。这与河南省2005～2014年在社会救助方面进行的工作紧密联系。

（五）社会保障城乡发展水平趋于一致

2014～2015年，河南省农村低保和城市低保的标准不断拉近，城市养老和农村养老比率趋于一致，城乡养老基础设施和养老投入持续拉平。农村建立完善了农村基本养老服务保障体系，城镇实行了城镇基本养老保险，新农合和城镇基本医保也持续推行，各种政策都在持续推进城乡一体化。社会保障城乡发展水平趋于一致，促进了河南省公共服务均等化。

二 存在问题

（一）社保类政策条块分割比较严重

河南省人力资源和社会保障厅统筹管理养老保险、医疗保险和社会保障等，在人力资源和社会保障厅下面，又有河南省社会养老保险事业管理局和河南省社会医疗保险管理中心分别管理养老和医疗保障事务。但是民政厅负责养老基础设施建设、五保户供养等。而在敬老院建设、福利中心建设等方面，发改委也是参与单位，负责确定项目及资金走向。分头管理造成了资金来源的多样性，在解决具体问题上难以形成合力，基层干部用通俗的语言"买油的钱不能买醋"来形容这种条块分割带来的问题。比如，在农村敬老院的建设上，民政部门发放给每位老人的基本费用不包括医疗费，如果某位老人得了重大疾病，就难以得到保障。在基层，如果是集中供养老人，敬老院一般会找当地政府申请专项经费用于救治，但这种方法难以保证效果。如果是分散供养老人，政府机构只好"能推就推"。有基层敬老院院长这样说："如果是分散供养老人，生病了，一般都从亲情义务角度做思想工作，哄着骗着让老人的亲人凑钱，政府没钱管。"

（二）政府在承担社保责任上，以行政为主导，政策实施比较僵化

河南省在社保类别上，目前存在路径依赖，虽然 2005～2014 年社保类别不断增加，但是在具体的保障内容上，以政府为主导，管理太过具体，方式不够灵活。以低保为例，1997 年左右，为了应对城市下岗职工增多、农村因灾因病致贫等问题，河南省出台了低保政策，在当时起到了重要作用。但随着国家政策不断扩面，基层资金配套越来越跟不上，使保障效果不显著。同时，大家都比着"吃低保"，人情保、关系保、错保等免不了。过去低保对象村里定，后来问题太多就改为乡长、书记决定，乡长、书记依然头疼。

在调研中，基层干部和群众反映较多的问题集中在农村低保政策方面。按照规定，农村低保对象是指共同生活的家庭成员年人均收入低于户籍所在地农村居民最低生活标准的农村居民。在实际操作中存在的突出问题是很难核定低保对象，主要原因在于隐性收入等难以合理核定。确定低保名单是乡镇干部最不愿意干的事情，有的地方甚至成为群众上访的主要原因。因此，很多干部群众呼吁取消城乡低保，而建议将这笔资金用于临时家庭特困救助。

（三）保障的力度还有待提高

比如在五保户供养方面，五保户供养补助标准太低。五保户供养包括分散供养和集中供养，其中分散供养的财政补

助标准为每人每年不低于 3200 元，集中供养的标准为每人每年不低于 2200 元，标准太低，难以保障其正常生活。在调研中，人们普遍反映集中供养的机构建设资金匮乏，如和兴镇每年能够用于敬老院基本建设的资金只有 20 万元（来自福彩公益金），而且国家规定危房改造资金不能用于敬老院建设。

很多资金需要财政配套，而地方财力有限，所以会产生政策效果差异。以低保为例，驻马店市驿城区、开发区补助标准是每人每月 320 元，各县县城是每人每月 300 元，农村居民最低生活保障标准是每人每年 1800 元。但是在实际发放上，城市低保每人每月 195 元，农村低保每人每月 99 元，低于设定标准。驻马店市是传统农业地区，是国家粮食主产区，其财政主要依靠转移支付，财政配套资金有限，因此在具体的保障制度上还应该加大宏观调控。

（四）资金的使用上要发挥地方政府或基层社会组织的主动性

地方政府提出，如今为了防止基层挪用资金，上级部门往往管理得太细太具体，难以真正有效地解决基层具体问题。比如，上级部门每年拨出资金，但是这些资金往往已经被很详细地规定了用途，而且存在"撒胡椒面"现象。在敬老院建设上，上级民政部门出台了支持敬老院建设计划，确定了一批敬老院，每个敬老院资助 5 万元，但 5 万元对任何一个敬老院来说都难以解决具体问题，建设的质量更难以保证。

而如果这笔钱可以让县级统筹，就可以集中资金，按照先后顺序，每年集中解决一个敬老院的问题，把每一个敬老院都建好。因此，建议增加资金使用的公开透明度，给地方政府或者社会组织增加更多的主动性。同时，敬老院的机构性质难以确定，是民间机构还是事业单位，是否属于法人机构？这些问题尚待解决。

第三节　政策建议

一　以科学的社会保障体系建设为目标，持续推进社会保障体系的完善

河南省作为农业大省，在全国范围内社会保障水平还比较低，下一步，社会保障体系的完善和保障力度的加大是工作的重中之重。2005～2014 年，河南省在社会保障政策方面的主要问题有：内容偏重于社会救助，社会保险开展不够深入，社会福利内容偏少。在社会保险发展上，应该注重增加保险的丰富性，提高社会保障能力。同时在整个保障的分层上，在强调政府主导的社会保障之外，积极支持单位保障，倡导家庭保障，以促进社会保障的良性运行。在未来十大民生工程工作方案社会保障方面的发展中，社会救助内容已经非常明确，需要做的是加大财政投入和执行力度，保障政策效果。

二 进一步转变政府职能

根据不同的保障内容，政府应承担不同责任，拥有不同的工作方法和机制。在整个社会保障制度中，政府应该突出强化监管责任。在具体工作的实施上，政府要积极引导社会参与，减少亲自运作。在社会保障的财政支持上，政府责任可分为主动责任和被动责任。完善低保制度、帮助低收入者脱贫等社会救助，以及农村基础设施建设等社会福利，属于政府应承担的主动责任；社会养老保险、医疗保险和对特定人群的补贴等，属于政府应承担的被动责任。在具体管理方式上，政府在不同的保障类型中拥有不同的责任，具体的工作方式也应不同，提供的财政资金支持也应有差异，以保证社会保障政策的良性运行，促进社会公平正义。

同时，在各级政府之间，也应该明晰责任，承担不同的角色，强化资金的配套使用。比如，中央政府应更多地承担监管、监督、指导责任，在影响全局的保障措施上承担财政责任；各地政府应承担实施责任，根据不同的收益原则承担不同的财政责任。

三 加大资金投入，增强保障能力

在社会保障财政资金的使用上，政府应该起到基础核心作用，通过固定的财税机制支持社会保障多个项目的运行。社会保障是社会的"安全阀"，是社会稳定的"调节器"，是人民幸福的重要推动力，所以政府应该加大资金投入，使保障力度不断提高。

在具体的实施中，河南省保障资金相对缺乏，保障力度需要加大，覆盖范围需要扩大。根据不同的社会保障分项，可以采用不同的支持方式，以保证资金的有效利用。在社会救助上，政府应该承担全部的财政、监管和实施责任，同时鼓励社会积极参与。在社会保险上，政府应起到主导作用，承担监管责任，以一定的财政补贴、政府行为来引导社会保险制度的发展及完善。在社会福利上，政府应该起到领衔作用，承担监管责任，同时强调社会参与，实现政府与公众的良好互动。在其他补充保障方面，应该积极支持引导，通过税收优惠间接提供财政支持，以推进社会各类机构对社会保障事业的支持。

四　在政策使用上，扩大参与范围，提高透明度，使保障政策真正解决人民群众的难题

公众参与是促进政策科学化的重要利器，在社会保障类政策的具体落实上，要加大政策实施前的意见征求工作力度，政策实施中也要提高公众参与度，以随时保证政策符合最初的政策目标。在政策实施后，要让公众评价，使人民群众真正得到实惠，实现社会保障的真正价值。

比如，对于解决低保中出现的问题，基层群众反映，有两个层面可以改进：一个层面是抓信息公开制度，把公安、

金融、银行、工商、住建等部门的数据与民政部门的数据相关联；另一个层面是在相关被救助人员的确定上，要加强民主，把相关权力归于社区，使权力分散化，增强民主性。河南省人民政府《关于印发河南省社会救助实施办法的通知》就提出了多部门配合，县级及以上人民政府应当按照国家统一规划建设社会救助管理信息系统，实现社会救助信息互联互通、资源共享；县级及以上人民政府民政部门根据申请或已获得社会救助家庭的请求、委托，可以通过户籍管理、税务、社会保险、不动产登记、工商登记、住房公积金管理、车船管理等单位和银行、保险、证券等金融机构，代为查询、核对其家庭收入状况、财产状况、纳税情况、缴纳社会保险费情况，有关单位和金融机构应当予以配合；县级及以上人民政府民政部门应当建立统一的申请社会救助和已获得社会救助家庭经济状况信息核对平台，为审核认定社会救助对象提供依据。

（执笔：朱世欣）

第三章　保障性安居工程

背景资料

2007 年

河南省承诺："改进和规范经济适用房，争取新开工建设经济适用房 300 万平方米、竣工 240 万平方米，使近 2.5 万户城市低收入家庭住上经济适用房。扩大廉租住房覆盖面，落实廉租住房资金 1.5 亿元，解决 1.2 万户城镇低收入家庭的住房问题。"

2008 年

河南省承诺："全面完成 584 万平方米的六大国有煤矿棚户区改造工程。""开工建设经济适用房 320 万平方米、竣工 260 万平方米，为城市低收入住房困难家庭提供 3.5 万套经济适用房。新建、收购廉租住房 20 万平方米，为城市低保住房困难家庭提供 4000 套廉租住房房源；加大廉租住房租赁补贴发放力度，实现保障房数 5 万户以上。县级以上城市对符合住房保障条件的低保家庭基本做到应保尽保。"

2009 年

河南省承诺："加大对廉租住房建设的支持力度，开工建设廉租住房 126 万平方米以上、竣工 70 万平方米，为符合住房保障条件的城市低收入家庭提供 1.4 万套廉租住房。建设经济适用房 350 万平方米、竣工 280 万平方米，为城市低收入家庭提供 4 万套经济适用房。继续实施农村贫困残疾人危房改造工程，再改造 3500 户危房。"

2010 年

河南省承诺：（1）加大保障性住房建设力度，新开工建设经济适用房 350 万平方米、竣工 300 万平方米，为城市低收入住房困难家庭提供 4.2 万套经济适用房。（2）加大廉租住房补贴发放力度，年底前完成保障户数 23 万户。（3）改造农村危房 6 万户。（4）以铁路和工矿棚户区为重点，实施棚户区改造 200 万平方米，解决 2.5 万户棚户区居民住房困难。

2011 年

河南省承诺：（1）全年开工建设经济适用住房 693 万平方米、8 万套，竣工 439 万平方米、5 万套。全年开工建设廉租住房 475 万平方米、9.6 万套，竣工 367 万平方米、7.3 万套。全年开工建设公共租赁住房 430 万平方米、9 万套，竣工 137 万平方米、2.8 万套。改造棚户区 1030 万平方米、12.4 万套，年底前基本完成铁路棚户区改造。

（2）继续加大廉租住房补贴发放力度，年底前完成保障户数 27 万户。

2012 年

河南省承诺：（1）全年新开工建设各类保障性住房 40 万套，其中廉租住房 8.8 万套，公共租赁住房 15.87 万套，经济适用住房 6.44 万套，棚改房 8.89 万套。基本建成（竣工）16 万套。（2）力争完成农村危房改造建设任务 20 万户。

2013 年

河南省承诺：（1）全年新开工建设各类保障性住房 40 万套，其中廉租住房 3.71 万套，公共租赁住房 22.04 万套，经济适用住房 1.86 万套，棚改房 12.39 万套；基本建成 30 万套。（2）力争完成农村危房改造 20 万户。

2014 年

河南省承诺：（1）全年新开工建设各类保障性住房 64 万套，其中公共租赁房 16 万套，棚改房 48 万套；基本建成 27 万套。（2）力争完成农村危房改造 12 万户。

第一节　实施情况

河南省自 2007 年将保障性安居工程建设工作列入政府"十大事实"（后称"十大民生工程"）以来，每年将其列入十大民生工程之一。从表 3–1 可以看出，河南省对保障性安居工程的重视程度逐步升高，2012 年以来排名稳居第三位。
2007～2013 年，保障性安居工程包括经济适用住房建设、廉
租住房建设、公共租赁住房建设、棚户区改造以及农村危房
改造五项内容（见表 3 - 2）。

表 3 - 1　河南省保障性安居工程在十大民生工程里的排名情况

年份	2007	2008	2009	2010	2011	2012	2013	2014
排名	9	6	1	2	1	3	3	3

表 3 - 2　2007～2014 年河南省保障性安居工程的具体建设内容

年份	2007	2008	2009	2010	2011	2012	2013	2014
保障性安居工程内容	经适房	经适房	经适房	经适房	经适房	经适房	经适房	—
	—	廉租房	廉租房	廉租房	廉租房	廉租房	廉租房	—
	—	—	—	—	公租房	公租房	公租房	公租房
	棚改房	棚改房	—	棚改房	棚改房	棚改房	棚改房	棚改房
	—	—	农村危房改造	农村危房改造	农村危房改造	农村危房改造	农村危房改造	农村危房改造

　　按照每年实际竣工套数统计，河南省 2007～2014 年
共完成城市居民保障性住房（包括经济适用房、廉租住
房、公共租赁住房和棚户区改造安置房）291.42 万套，改
造农村危房 72.03 万户（其中 2013 年和 2014 年实际竣工
数据按计划竣工数据进行统计）。2009～2013 年，河南省
保障性安居工程共投入财政资金 529.968 亿元（见
表 3 - 3）。

表3-3　河南省2007~2014年各类保障房竣工数量及投入资金情况

年份	经适房（万套）	廉租房（万套）	公租房（万套）	棚改房（万套）	农村危房改造（万户）	投入资金（万元）
2007	3.1	2.37	—	—	—	—
2008	4	0.5	—	7.03	—	—
2009	4.1	2.66	—	—	0.39	20000
2010	4.3	26	—	3.30	7.64	300927
2011	6.09	7.91	3.14	16.45	0.00	1534379
2012	5.5	6.16	5.74	5.1	32	2283831
2013	1.95	3.89	23.11	12.99	20	1160543
2014	0	0	16	48.00	12	—
小计	29.04	49.49	47.99	92.87	72.03	5299680
合计	291.42					

　　从2014年起，经济适用住房和廉租住房建设工程被取消，保障性安居工程主要包括公共租赁住房建设、棚户区改造和农村危房改造三项。经济适用住房、廉租住房和公共租赁住房三者的计划开工面积从2007年开始上升，2010年有所下降，2012年达到最高点（见图3-1）。农村危房改造工程的建设规模大概也按这个规律变化。从2014年开始，棚户区改造工程的建设规模大幅增加，达到历年最高点。从2014年起，公共租赁住房建设和棚户区改造成为保障性安居工程实施的重点内容。

一　经济适用住房

　　2007年全省新开工经济适用住房319万平方米，竣工

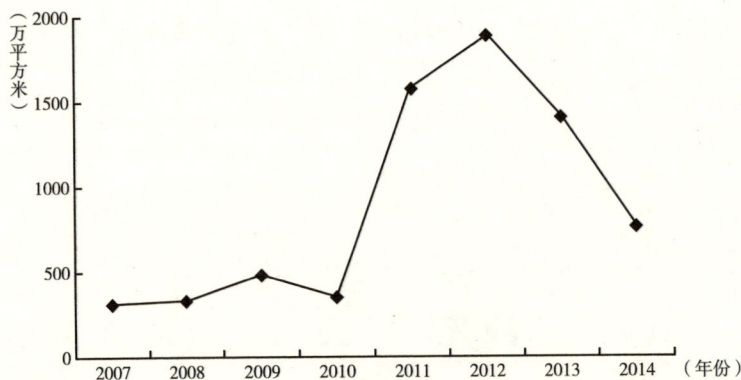

图 3 - 1　河南省经适房、廉租房和公租房 2007 ~ 2014 年计划开工面积

282 万平方米、3.1 万套，分别完成年度目标任务的
106%、117.5% 和 124%。2008 年全省经济适用住房新开
工面积 346.6 万平方米，竣工 278 万平方米，分别完成年
度目标任务的 108%、107%，为城市低收入住房困难家庭
提供近 4 万套经济适用住房，完成年度目标任务的 114%。
2009 年全省新开工建设经济适用住房面积 510.6 万平方
米，竣工 321.6 万平方米、4.1 万套，分别完成目标任务
的 145.9%、114.9%、102.5%，受益人数达 12.5 万人。
2010 年全省累计新开工建设经济适用住房面积 663 万平方
米，竣工 396 万平方米，分别完成全年目标任务的
189.4%、132%。2011 年全省经济适用住房建设完成目标
任务的 121.8%。2012 年全省新开工建设经济适用住房
9.52 万套，竣工 5.5 万套。2013 年全省开工建设经济适
用住房 1.95 万套（见表 3 - 4）。

表 3 – 4（a）　　河南省 2007～2013 年经济适用住房工程实施情况

单位：万平方米

年份	计划开工指标	实际开工指标	计划竣工指标	实际竣工指标
2007	300	319	240	282
2008	320	346.6	260	278
2009	350	510.6	280	321.6
2010	350	663	300	396
2011	693	844.07	439	534.70
2012	770.96	824.93	476.44	476.44
2013	161.12	168.94	—	—

表 3 – 4（b）　　河南省 2007～2013 年经济适用住房工程实施情况

单位：万套

年份	计划开工指标	实际开工指标	计划竣工指标	实际竣工指标
2007	3.95	4.20	2.5	3.1
2008	4.21	4.56	3.5	4.0
2009	4.61	6.72	4.0	4.1
2010	4.61	8.72	4.2	4.3
2011	8.0	9.74	5.0	6.09
2012	6.44	9.52	5.5	5.5
2013	1.86	1.95	—	—

二　廉租住房

2007 年全省落实廉租住房建设资金 1.9605 亿元，实现保障户数 2.37 万户，分别完成年度目标任务的 124% 和 197%。2008 年全省新建、配建廉租住房 25 万平方米、5000 套，廉租住房保障户数达 12 万户，县级以上城市符合住房保障条件并提出申请的低保家庭基本做到了应保尽保。2009 年全年开工建设廉租住房面积 494.6 万平方米、10.01 万套，竣工 133.8 万平方米、2.66 万套，廉租住房开工面积、竣工面积、竣工套数分别完成年度目标任务的 392.5%、191.1%、190%，受益人数达 8.77 万人。2010 年全省廉租住房租赁补贴覆盖 26 万户，占全年目标任务的 113%。2011 年全年廉租住房开工建设面积完成目标任务的 108.3%，廉租住房补贴覆盖户数完成年度目标任务的 100.74%。2012 年全省开工建设廉租住房 9.42 万套，竣工 6.16 万套。2013 年全省开工建设廉租住房 3.89 万套（见表 3 – 5、表 3 – 6）。

表 3 – 5（a）　河南省 2008 ~ 2013 年廉租住房工程实施情况

单位：万平方米

年份	计划开工指标	实际开工指标	计划竣工指标	实际竣工指标
2008	—	—	20	25
2009	126	494.6	70	133.8
2011	475	514.43	367	397.46
2012	435.42	465.90	304.79	304.79
2013	183.57	192.47	—	—

表 3 – 5（b）　河南省 2008 ~ 2013 年廉租住房工程实施情况

单位：万套

年份	计划开工指标	实际开工指标	计划竣工指标	实际竣工指标
2008	—	—	0.40	0.50
2009	2.55	10.01	1.40	2.66
2011	9.60	10.40	7.30	7.91
2012	8.80	9.42	6.16	6.16
2013	3.71	3.89	—	—

表 3-6　河南省 2007 年、2010 年廉租住房工程实施情况

单位：万户

年份	计划解决	实际解决
2007	1.2	2.37
2010	23	26

三　公共租赁住房

2011 年全省公共租赁住房开工建设面积完成年度目标任务的 112.1%。2012 年全省开工建设公共租赁住房 14.98 万套，竣工 5.74 万套。2013 年全省开工建设共租赁住房 23.11 万套［见表 3-7（a）］。以面积统计的公共租赁住房工程实施情况见表 3-7（b）。

表 3-7（a）　河南省 2011~2013 年公共租赁住房工程实施情况

单位：万套

年份	计划开工指标	实际开工指标	计划竣工指标	实际竣工指标
2011	9	10.09	2.8	3.14
2012	15.87	14.98	5.74	5.74
2013	22.04	23.11	—	—
2014	16	—	—	—

表 3-7（b）　河南省 2011~2013 年公共租赁住房工程实施情况

单位：万平方米

年份	计划开工指标	实际开工指标	计划竣工指标	实际竣工指标
2011	430	482.03	137	153.58
2012	668.89	715.71	274.24	274.24
2013	1053.02	1180.44	—	—

四 棚户区改造实施情况

2007 年全省棚户区改造共投入资金 14.0836 亿元（其中财政投入 5.2 亿元），实际开工面积达 381 万平方米。2008年六大国有煤矿棚户区改造共筹措建设资金 50.8 亿元，工程完工 584 万平方米，完成了预定任务。2010 年全省累计完成城市和国有工矿棚户区改造 274 万平方米，完成全年目标任务的 137%。2011 年全省棚户区改造实际竣工指标完成年度目标任务的 132.7%。2012 年全省开工建设棚户区改造安置住房 8.88 万套，竣工 5.1 万套。2013 年全省开工建设棚改房 12.99 万套（见表 3-8）。

表 3-8（a） 河南省 2007~2013 年棚户区改造工程实施情况

单位：万平方米

年份	计划开工指标	实际开工指标	计划竣工指标	实际竣工指标
2007	300	381	—	—
2008	—	—	584	584
2010	—	—	200	274
2011	—	—	1030	1366.81
2012	689.44	737.70	423.63	423.63
2013	1029.17	1079.08	—	—

表 3-8（b） 河南省 2007~2013 年棚户区改造工程实施情况

单位：万套

年份	计划开工指标	实际开工指标	计划竣工指标	实际竣工指标
2007	3.61	4.59	0	0
2008	—	—	7.03	7.03

续表

年份	计划开工指标	实际开工指标	计划竣工指标	实际竣工指标
2010	—	—	2.41	3.30
2011	—	—	12.4	16.45
2012	8.89	8.88	5.1	5.1
2013	12.39	12.99	—	—

五　农村危房改造实施情况

2009 年全省共投入资金 3627.5 万元，改造危房 3916 户，完成目标任务的 111.9%。2010 年全省累计完成投资 15.78 亿元，改造农村危房 76356 户，占全年目标任务的 127.3%。2012 年全省共完成农村危房改造 32 万户（见表 3-9）。

表 3-9　河南省 2009~2011 年农村危房改造工程实施情况

单位：万户，亿元

年份	计划竣工指标	实际竣工指标	实际投入资金
2009	0.35	0.3916	0.36275
2010	6	7.6356	15.78
2011	—	32	25

六　保障性安居工程实施情况分析

（一）经济适用住房工程实施情况分析

河南省经济适用住房建设工程从 2007 年开始实施，至

2013 年结束。2007～2010 年，建设量大致稳定在每年 300～350 万平方米，2011 年和 2012 年的建设规模有所提升，2013 年又突然降至较低的水平。这主要是因为我国保障房建设思路由"有住房"转变为"有房住"，经济适用住房 2013 年后由公共租赁住房代替。

（二）廉租住房建设工程实施情况分析

廉租住房建设工程从 2007 年开始实施，当年河南省落实近 2 亿元资金用于廉租住房建设。随后至 2012 年，除 2010 年以货币形式补贴之外，每年廉租住房的开工、竣工面积都较大，至 2012 年建设规模达到最大。而到了 2013 年，廉租住房的建设规模突然减少，2014 年此项保障房工程被取消，主要原因是根据《关于公共租赁住房和廉租住房并轨运行的通知》的规定，从 2014 年起，各地公共租赁住房和廉租住房并轨运行，并轨后统称为公共租赁住房。

（三）公共租赁住房建设工程实施情况分析

公共租赁房建设工程开始得比较晚，从 2011 年开始，但相对于经济适用住房和廉租住房，其建设规模较大，随着公共租赁住房和廉租住房的并轨以及经济适用住房逐步退出保障性住房体系，公共租赁住房建设至今仍是保障性安居工程的主要实施内容。2011～2014 年，公共租赁住房的建设规模经历了一个先上升后下降的过程（见表 3－10）。

表 3 – 10　经适房、廉租房、公租房计划开工建设指标对比

单位：万平方米

年份	经适房	廉租房	公租房
2007	300	—	—
2008	320	—	—
2009	350	126	—
2010	350	—	—
2011	693	475	430
2012	770.96	435.42	668.89
2013	161.12	183.57	1053.02
2014	—	—	764.44

（四）棚户区改造工程实施情况分析

棚户区改造工程从 2007 年开始实施，当年实际开工 381 万平方米。2009 年的十大民生工程工作方案没有涉及棚户区改造的内容。从 2012 年开始，其建设力度逐年加大，其中，2014 年计划开工面积 3987.10 万平方米，是 2012 年计划开工面积的 5.8 倍，是 2007 年计划开工面积的 13.3 倍。棚户区改造将是今后一段时间内我国保障性安居工程的重点工作内容之一。

（五）农村危房改造工程实施情况分析

农村危房改造工程从 2009 年开始实施，当年实施规模较小，2010 年规模有所增大，2012 年和 2013 年两年则大幅增大，2014 年则有所回落。从农村危房改造历年的建设量变化来看，河南省农村危房改造的成效十分明显，需要改造的农村危房在今后一段时间内会越来越少。

第二节　政策分析

保障性安居工程主要是由中央政策主导推行的，各省份只是根据国家相关政策在省域内具体实施。因此，要知道河南省保障性安居工程政策实施的目的，应首先了解我国保障性安居工程的政策目标。2007 年以后，其目标有三个：一是保民生，即保障城镇低收入人群的住房需求；二是保 GDP，即拉动经济增长；三是推动城镇化发展。第一个和第三个目的在本质上是一致的。在保 GDP 方面，我国并没有设置明确的目标；而在保民生和推动城镇化发展方面，我国有明确的目标，即"十二五"规划提出的目标：新建 3600 万套保障房，到"十二五"期末，使我国保障房的覆盖面达 20%。

一　主要成效

（一）有效保障了低收入人群的住房需求

依据有关专家预测，河南省 2015 年城镇常住人口为 4563 万人，按照国家"十二五"规划确定的至 2015 年底保障房要覆盖城镇人口 20% 的目标，假设每户家庭人口为 3 人，则至 2015 年底河南省至少应建设 304.2 万套保障房。目前，河南省已完成城市保障房建设 291.42 万套，2015 年将完成目标，这将有效地保障低收入人群的住房需求。

（二）对河南省经济发展有一定的促进作用

自国际金融危机爆发以来，河南省受危机影响，GDP 增速开始下滑，尤其是 2008～2009 年下滑幅度较大。2009 年以后，河南省扩大保障房建设规模，而且对保障房建设的资金投入总体加大，以致河南省的 GDP 增速的下滑幅度有所下降，可见保障房建设对河南省经济发展具有一定的促进作用。

表 3－11　2007～2013 年河南省保障房建设规模与 GDP 增速情况

年份	保障房建设规模 （万平方米）	投入资金 （万元）	GDP 增速（%）
2007	300.00	—	14.40
2008	904.00	—	12.10
2009	476.00	20000	10.70
2010	624.00	300927	12.20
2011	2964.81	1534379	11.60
2012	2489.96	2283831	10.10
2013	2426.88	1160543	9.00

（三）对城市的产业布局优化有一定的促进作用

河南省规定保障性住房在项目规划选址上要做到"四规"合一，即根据城市总体规划、土地利用总体规划、产业集聚区发展规划，编制保障房建设用地布局规划。同时，在保障房建设过程中，河南省要求在基础设施配套方面做到"三个同步"。河南省规定，要把配套基础设施建设作为廉租住房和公共租赁住房建设的重点，在编制城建投资计划时，向廉租住房和公共租赁住房项目配套基础设施倾斜，优先安排。集中建设的廉租住房和公共租赁住房项目，其配套的道路、公交、供水、供电、供气、供暖、通信、污水与垃圾处理等市政基础设施，要与住房同步规划设计、同步建设、同步交付使用。按照经济地理学的理论，区位较差的地区往往经济发展落后、基础设施较差，保障房的建设加强了城郊等区位较差地区的基础设施建设，从而改善了其区位条件，促进了其经济发展，有利于城市产业布局的优化。

（四）推动了河南省城镇化的发展

目前，河南省正处在城镇化快速发展阶段，按照《河南省新型城镇化规划（2014～2020年）》，2020年，河南省常住人口城镇化率将达56%左右，争取新增1100万左右农村转移人口。而随着经适房、廉租房、公租房"三房合一"，城镇居民和农村居民在保障性住房方面的权利差异将消失，保障性住房（尤其是公租房）与户籍不挂钩，农民工转户进城在保障性住房方面不存在政策障碍。如河南省人民政府办公厅《关于加强廉租住房和公共租赁住房入住管理的指导意见》规定，要逐步降低保障性住房的准入门槛：凡经民政部门认定人均收入低于最低生活保障标准3倍且经房产管理部门认定人均住房建筑面积低于15平方米的城镇家庭，均可被纳入廉租住房保障范围；凡经房产管理部门认定人均住房建筑面积低于15平方米的新就业职工、外来务工人员，均可被纳入公共租赁住房保障范围。各地可结合实际情况适当放宽标准，使住房保障政策惠及更多城镇家庭、新就业职工和外来务工人员。同时，城市新区、城市组团、产业集聚区建设过程中转移的人口符合住房保障条件的，也可被纳入住房保障范围。因此，河南省保障性安居工程的实施，有利于加快农村人口向城镇转移、促进河南省城镇化目标的实现。

二 河南省保障性安居工程实施过程中存在的问题

（一）市、县级财政压力较大

根据本课题组的调研情况，经适房、廉租房和公租房建设的资金按其来源可分为三类：一是中央、省财政保障房专项资金补助，以及中央投资补助，大致占85%；二是市级配套资金，大概占9%，主要包括政府基金、政府债务、一般预算；三是县级（项目）配套资金，大概占6%，主要包括土地出让金收益的3%、公积金净收益、廉租住房出售资金、统贷统还资金、财政预算安排资金。而棚户区改造所需的大部分资金是国家开发银行给予的政策性贷款，但地方配套的项目自有资金需要达到总投资的30%，唯此才能得到国开行的政策性贷款，市、县级政府普遍反映地方财政压力过大。

（二）棚户区改造政策性贷款资金使用程序复杂

根据本课题组的调研，国家开发银行要求地方配套资金为贷款额度的30%，且要求必须先使用完配套资金，才可使用贷款资金，影响贷款资金的支付进度。除此之外，贷款资金支付手续较为烦琐。国开行支付一笔贷款资金，需要16个相关部门的盖章，资金拨付速度较慢。

（三）重建设，轻管理

在各级地方政府财政困难的情况下，由于中央政府在保障房建设上持强力态度，保障房建设指标每年都得以足额完成，但后续的管理资金没有考虑，导致廉租房和公租房后期的物业管理资金不足。根据本课题组的调研，目前大部分廉租房由市住房保障主管部门管理，其物业管理人员主要由市住房保障部门在职人员兼任，其工资来源于政府财政支出，物业管理费采取财政收支两条线的模式，从每月每平方米0.9元的租金里抽取0.4元作为管理运营经费。也就是说，市、县级政府财政承担了部分物业管理的费用，每月每平方米0.4元的管理经费较少。

另外，根据河南省人民政府办公厅《关于加强廉租住房和公共租赁住房入住管理的指导意见》，各地要配备廉租住房、公共租赁住房专项维修资金，用于房屋的维修养护。建立健全廉租住房和公共租赁住房共用部位与共用设施维修养护、突发应急抢修、日常维修养护以及大中修年度计划申报和预算报批等制度。大中修应按照工程施工相关规定组织实施，并确保房屋可被配租家庭正常使用。而根据本课题组的调研，目前各地市并没有配备这些资金。

（四）廉租房和公租房的退出机制落实不到位

根据河南省人民政府办公厅《关于加强廉租住房和公共租赁住房入住管理的指导意见》，廉租房和公租房要实行动态管理和退出机制。市、县级相关部门要认真履行职责，对保障对象资格进行定期审核，了解和掌握住房使用、承租对象信息。住房保障主管部门可通过政府购买服务的方式，委托物业服务企业承担廉租房和公租房使用情况检查工作。市、县级住房保障主管部门要区分不同家庭的情况，综合运用经济、行政、法律等手段，建立健全廉租房和公租房退出机制。而根据本课题组的调研，目前各地市没有实质性地实施这些制度。

（五）公租房空置问题较突出

根据本课题组在驻马店市的调研，驻马店市的公租房大多建在工业园区，空置率较高。驻马店市目前共计划在工业园区建 50000 套公租房，已全部开工，目前已建成 20000 套，空置 5000 套。另外，根据河南省审计厅 2013 年进行的审计，河南省安阳等 6 个省辖市廉租房空置超过一半。

（六）实施过程中出现多种违规情况

根据省审计厅组织 1355 名审计人员于 2013 年 12 月至 2014 年 3 月对全省 16 个省辖市（不含由国家审计署驻郑州特派员办事处负责审计的郑州市、新乡市）保障性安居工程实施情况进行的审计，保障性安居工程在实施过程中，还存在以下几个突出问题：一是违规套取、挪用专项资金；二是建设过程违法、违规多；三是在分配过程中有不符合条件的家庭违规分房现象；四是配套不完善造成保障房闲置；五是保障房建设过程中税费减免政策没有得到落实；六是部分保障房项目利润率较高，不符合保本微利原则。

第三节 政策建议

一 通过立法保证保障房建设的顺利实施

通过法律手段保证保障房建设的资金来源是许多国家通常采取的措施，美国、日本、德国、英国、法国以及新加坡等都曾先后为保障房的资金来源立法。例如，日本于 1951 年出台了《公营住宅法》，新加坡在 20 世纪 50 年代和 60 年代先后出台了《中央公积金法》和《建屋与发展法》。这些法律不仅建立了专门机构来负责实施保障房的建设与管理，而且规范了其他经济主体在保障房建设和供给上的行为，使其服务于保障房供给的整体目标。更重要的是，这些法律确保了财政资金在保障房建设和管理上的稳定投入。一般来说，各个国家会根据自己的财政支出能力，立法确保将一定比例的财政资金投到保障房建设中。此外，有些国家的法律规定了一些税收和信贷优惠措施来鼓励私营机构积极投资建设保障房。例如，美国的《国民住宅法》规定，政府要为私营机构提供低息贷款，从而鼓励其投资于中低收入家庭的公寓住宅，然后将建成后的住房优惠提供给因城市重建或政府公共计划实施而丧失住所的家庭。

因此，应结合我国及河南省的特点，通过立法要求地方政府按照低收入人群的比重、城镇化水平、经济发展程度等确定保障房入住条件，并通过保障房建设与管理改善人们的生活，将保障房指标列入对各地方政府的考核体系，既创新地实现包容性社会管理，又创新地实现包容性增长。此外，应结合我国财政支出责任的划分改革，立法确定各级政府应承担的合理资金责任。

二　加快创新保障房金融工具

国外在保障房融资方面，主要是以住房抵押贷款为核心给予金融信贷支持。此模式主要产生和发展于西方发达国家，如美国、英国、法国、德国、意大利等。以美国为例，为了解决中低收入家庭的住房问题，美国政府采取了以住房抵押贷款为核心的金融信贷支持政策，这项政策在保障房的建设和管理中发挥了重要作用，成为美国公共住房社会保障的核心。其具体措施为：首先，在公共住房一级市场中，美国成立了"联邦住宅银行抵押贷款系统"，居民可以住房等不动产为抵押，获得足够的贷款。其次，在公共住房二级市场中，美国国会成立了获得政府信用支持的抵押贷款机构——房利美（Fannie Mae）和房地美（Freddie Mac），其主要职能是购买抵押资产，然后将其重新打包为债券，出售给投资者。该模式不仅为那些无力承担巨额房款的中低收入家庭拥有住房提供了资金支持，而且其推出的债券为银行资金的流动提供了保证，并且降低了个人可能因无力偿还贷款而给银行带来的违约风险。

我国应借鉴新加坡的住房公积金制度、日本的金融公库制度、德国的合同储蓄制度、美国的住房抵押贷款制度等，结合中国金融特色，设立保障房公募基金、保障房储备库、保障性住房投资信托基金、保障房地方债券、保障房可转换基金（主要针对房地产商）等，以有效解决地方政府财政紧张及后续管理资金不足的问题。事实上，某些省份已对保障房资金来源进行了一些探索。例如，北京市土地储备整理中心与七家保险资产管理公司签订了总金额为 700 亿～800 亿元的债权投资计划；上海公积金管理中心首次使用公积金增值资金收购公共租赁住房项目，为上海的公租房建设"储备库"；天津、上海等地也在加快推动保障性住房投资信托基金设立工作。笔者认为，只要加强监管，可以鼓励地方政府进行保障房方面的金融创新，但必须专款专用。

三 落实全面动态的保障房管理机制

根据河南省人民政府办公厅《关于加强廉租住房和公共租赁住房入住管理的指导意见》，河南省有明确的廉租房和公租房动态管理和退出机制。因此，各市、县级相关部门要认真履行职责，对保障对象资格进行定期审核，了解和掌握住房使用、承租对象信息。住房保障主管部门可通过政府购买服务的方式，委托物业服务企业承担廉租房和公租房使用情况检查工作。市、县级住房保障主管部门要综合运用经济、行政、法律等手段，建立健全廉租房和公租房退出机制。

四　保障房建设规划目标要合理

目前，保障房空置问题的根本原因在于，工业园区规划与保障房规划相结合，但工业园区建设由于存在现实困境及没有硬性规定，实际上落实不到位，而保障房建设由于存在硬指标，落实很到位，造成保障房周边配套设施不完善。因此，保障房建设指标的确定，要考虑工业园区规划的落实情况，建议政府雇用社会上的相关服务企业或单位进行保障性安居工程的计划实施和每年的建设。

五　加强对保障房的监督管理

在河南省保障性安居工程实施过程中，除了制度政策方面设计不到位之外，还存在对现行政策执行不到位，甚至违规违法的现象，如个别地区违规套取、挪用专项资金；建设过程存在违法、违规行为；不符合条件的家庭违规分房；配套不完善；该减免的税费没减免；等等。建议我国和河南省对保障房进行专门立法，要有针对性地制定详细而严厉的处罚措施，同时加大审计和执法力度，使相关违规、违法现象不再出现。

（执笔：马建辉）

第四章　教育

背景资料

2005 年

关于解决好农村贫困家庭子女入学难问题，河南省承诺：安排专项资金 6 亿元，对国家扶贫开发重点县农村义务教育阶段的贫困家庭学生实行"两免一补"，并逐步扩大资助范围。力争 2005 年提前完成全省 480 万平方米的 D 级中小学危房改造任务。

2006 年

关于增强农村义务教育保障能力，河南省承诺："安排资金 14.5 亿元，对农村义务教育阶段贫困家庭学生继续实施'两免一补'。提高农村中小学公用经费标准。建立农村中小学 D 级危房改造长效机制。加快实施农村中小学远程教育工程。"

2007 年

关于巩固提高农村义务教育水平，河南省承诺："全部免除农村义务教育阶段学杂费，继续对困难家庭学生免费提供课本并补助寄宿生生活费。从 2007 年起，用两年时间把贫困地区农村中小学课桌凳更新配置一遍。筹措资金 6.5 亿元，用于农村中小学校舍维修改造。筹措资金 2.89 亿元，用于农村中小学现代远程教育工程建设。"

2008 年

关于进一步提高义务教育保障水平，河南省承诺："为农村义务教育阶段学生全部免费提供教科书，并逐步建立教科书循环使用机制。提高农村中小学生生均公用经费标准，确保小学达到 230 元、初中达到 375 元。提高农村家庭经济困难寄宿生生活费补助标准，小学、初中由每名学生每天 1 元分别提高到 2 元和 3 元。从 2008 年秋季学期开始全面免除城市义务教育阶段学生杂费。""继续实施农村中小学图书教学仪器设备充实工程。再改造 177 所农村初中校舍。""筹措资金改造 200 所城镇薄弱学校。"积极解决农民工子女入学和城镇大班额问题。

2009 年

关于进一步加大教育投入，河南省承诺："将农村中、小学义务教育学校生均公用经费标准分别由 375 元和 230 元提高到 500 元和 300 元，继续对农村义务教育阶段学生全部免除学杂费、免费提供教科书、补助农村寄宿制学校家庭经济困难学生生活费。继续免除城市义务教育阶段学生学杂费。实施 167 所农村初中校舍改造工程。大力推进职业教育攻坚计划，改扩建 50 所左右中等职业学校和县级职教中心。新建扩建 12 个特殊教育学校，保障残疾适龄儿童就学需求。"

2010 年

关于优先发展教育，河南省承诺：继续对全省义务教育阶段农村中小学生免除学杂费和免费提供教科书，为城市义务教育阶段中小学生免除学杂费，为农村家庭经济困难寄宿生提供生活费补助。扎实推进中小学校舍安全工程。继续大力推进职业教育攻坚计划，在全省重点建设一批示范性职业院校（含技工学校）和职业教育实训基地。免除中等职业学校农村家庭经济困难和涉农专业学生学杂费。新建、改扩建城镇中小学校 200 所，努力解决进城务工人员随迁子女入学和中心城市大班额问题。

2011 年

关于着力提高城乡教育水平，河南省承诺："完善农村义务教育经费保障机制，提高保障标准，继续对全省义务教育阶段农村中小学生免除学杂费和免费提供教科书，为农村家庭经济困难寄宿生补助生活费。""实施农村义务教育阶段学校教师特设岗位计划，逐步解决农村师资总量不足和结构不合理等问题，提高农村教师队伍的整体素质。""继续为城市义务教育阶段中小学免除学杂费。""建立普通高中家庭经济困难学生国家资助制度，资助面占普通高中在校生总数的20%，每生每年补助 1500 元。""强力推进职业教育攻坚，继续实施中等职业学校农村家庭经济困难学生和涉农专业学生免学费政策，享受免学费政策的学生比例为学校扣除涉农专业学生后在校生的 15%。""实施农村学前教育试点建设工程，在新安县、新县、辉县市、长葛市和邓州市等 5 个县（市），重点建设 62 所乡镇中心幼儿园和村级幼儿园。"

2012 年

关于提高城乡教育水平，河南省承诺：完善农村义务教育经费保障机制，继续对全省义务教育阶段农村中小学生免除学杂费和免费提供教科书，为农村家庭经济困难寄宿生提供生活费补助。继续实施农村义务教育薄弱学校改造计划，为农村义务教育学校配备教学仪器设备、图书或多媒体远程教学设备；对县城大班额学校和寄宿制学校进行扩容改造或建设附属设施，促进义务教育均衡发展。继续实施农村义务教育阶段学校教师特设岗位计划，全省完成公开招考 10000 多名农村特岗教师任务，逐步解决农村师资总量不足和结构不合理等问题，提高农村教师队伍的整体素质。继续为城市义务教育阶段中小学生免除学杂费。实施学前教育三年行动计划，新建、改扩建幼儿园 2800 所（其中公办幼儿园 1700 所、民办幼儿园 1100 所），鼓励社会力量、企事业单位开办幼儿园，采取政府购买服务、以奖代补等方式扶持民办幼儿园提供普惠性服务，解决约 50 万名适龄幼儿入园问题。实施普通高中家庭经济困难学生国家资助政策，资助面占普通高中在校生总数的 20%，每生每年补助 1500 元。继续实施中等职业教育家庭经济困难学生资助政策。对中等职业学校涉农专业、家庭经济困难学生和三年级顶岗实习困难专业、家庭经济困难学生免除学费。

2013 年

关于提高城乡教育水平，河南省承诺："完善义务教育经费保障机制，继续对全省义务教育阶段中小学生免除学杂费，向农村义务教育阶段中小学生免费提供教科书，为农村家庭经济困难寄宿生提供生活费补助。""实施农村义务教育薄弱学校改造计划，按照国家基本标准为 6000 所农村义务教育阶段学校配备图书、教学实验仪器设备、音体美器材和多媒体远程教学设备；对 300 所县镇义务教育薄弱学校进行扩容改造或支持农村寄宿制学校进行附属设施建设，促进义务教育均衡发展。""实施学前教育三年行动计划，采取政府购买服务、以奖代补等方式鼓励社会资本广泛参与，新建、改扩建幼儿园 2600 所（其中公办幼儿园 1600 所、民办幼儿园 1000 所），再解决约 30 万适龄幼儿入园问题，力争全省学前三年毛入园率达到 61% 以上。""落实普通高中家庭经济困难学生国家资助政策，资助面占普通高中在校生总数的 20%，每生每年补助 1500 元。""在洛阳、平顶山、三门峡、南阳、信阳、驻马店 6 个省辖市的 24 个县实施边远艰苦地区农村学校教师周转宿舍建设工程，解决 14000 多名教师周转住房问题。"

2014 年

关于提高城乡教育水平，河南省承诺："完善义务教育经费保障机制，农村中小学生均公用经费基准定额年生均小学、初中分别达到 560 元、760 元，补助学校每生每年 30 元冬季取暖费；继续对义务教育阶段学生免除学杂费，免费提供教科书，为家庭经济困难寄宿生提供生活费补助。""加快实施农村学前教育推进工程，争取国家投资补助，支持新建、改扩建幼儿园87所；通过以奖代补、政府购买服务等方式鼓励社会资本广泛参与学前教育发展，进一步缓解城镇'入园难''大班额'等突出问题。""实施农村初中校舍改造工程，完成99所农村初中校舍改造任务。""推进边远艰苦地区农村学校教师周转宿舍建设，在376个农村中小学建设教师周转宿舍5300套，重点解决周边9800名特岗、支教交流教师的住宿问题。""继续实施农村义务教育阶段学校教师特设岗位计划，全省完成1万名农村特岗教师招聘任务，提高农村教师队伍的整体素质。""继续实施农村义务教育学生营养改善计划，按照在校期间每人每天3元的标准，对国家集中连片特困地区近250万农村义务教育学生提供营养膳食补助。""继续实施河南省职业教育品牌示范院校和特色院校建设计划，在全省重点支持48所示范院校和71所特色职业院校建设；实施中等职业教育基础能力建设工程，重点支持19所学校建设教学等设施，不断提高办学规范化、信息化和现代化水平，发挥示范带动作用。"

第一节　实施情况

2005年河南省落实情况：共筹措落实"两免一补"资金

11.6 亿元，619.6 万名农村义务教育阶段的学生享受了"两免一补"政策，占农村在校生人数的 42.6%。截至 11 月底，已完成 480 万平方米的 D 级中小学危房改造任务，提前一年完成农村中小学危房改造任务。更值得一提的是，从 2005 年秋季起，河南省委、省政府决定将全省 31 个国家扶贫开发重点县父母均为农民的农村中小学生纳入"两免一补"资助范围，并进一步提高了补助标准。此举使河南省率先在全国实现了贫困县农民子女免费上学，也使得 2005 年秋季"两免一补"投入的资金总量和资助总人数均居全国首位。

2006 年河南省落实情况：一是落实"两免一补"资金 14.6 亿元，资助贫困学生 1281.1 万人。"两免一补"资助规模和投入资金量居全国首位，基本消除了义务教育阶段学生因贫辍学现象。二是农村中小学公用经费提标所需的 1.7 亿元资金全部拨付到位，极大地改善了学校的办学条件，提高了教职工的工作积极性。三是农村中小学危房改造工作有了新的进展。省农村义务教育经费体制改革联席会议办公室制订了实施方案，共安排 6.5 亿元资金，涉及项目学校 4587 所，改造 D 级危房 123.7 万平方米，建设校舍 193.7 万平方米。四是农村中小学远程教育工程配套资金已落实到位。建设项目涉及郑州、开封、濮阳、南阳、周口、驻马店 6 个省辖市的 25 个县级行政区。这些项目计划于 2007 年 6 月底前全部完工。

2007 年河南省落实情况：财政投入资金 32.1 亿元，全部免除了农村义务教育阶段学生的学杂费，1343 万人次获得了免费课本，147 万人次享受了寄宿生活费补助，资助学生数和投入资金量均居全国首位。至 11 月底，全省课桌凳更新工程全部完成，共投入财政资金 6 亿元，更新配置中小学课桌凳 374.1 万套，涉及目标学校 2.46 万所，使全省 748.2 万名农村中小学生用上了崭新的课桌凳；下达农村中小学校舍维修改造资金 6.5089 亿元，2008 年春季开学可全部投入使用；农村中小学现代远程教育工程新建农村教学点 1520 个，100% 覆盖了农村中小学校。

2008 年河南省落实情况：全省义务教育阶段"两免一补"共落实资金 68.1 亿元。教科书循环使用机制初步建立，农村中小学生生均公用经费标准、农村困难寄宿生补助标准提标工作均已到位，从 2008 年秋季开始，全面免除了城市义务教育阶段学生的学杂费。1312 万名农村中小学生享受了免除学杂费和免费教科书政策，80 万名农村家庭经济困难寄宿生享受了生活补助，178 万名城市中小学生享受了免除学杂费政策。投资 3.28 亿元，改造了 177 所农村初中校舍。在城镇薄弱学校改造方面投入资金 6.9 亿元，改造了 202 所城镇薄弱学校，补充仪器设备 36779 台。在农村中小学教学设备充实、校舍改造、农民工子女入学和解决城镇"大班额"问题方面投资 7500 万元，为 6593 所农村中小学校配备了教学仪器设备。2008 年秋季共安排 162533 名进城农民工适龄同住子女入学，入学率达 99.92%（其中入公办学校的比例为

87.71%），基本实现了应入尽入；组织开展了义务教育均衡发展先进县（市、区）创建活动，积极推进义务教育均衡发展，城镇"大班额"问题得到了有效缓解。

2009 年河南省落实情况：一是投入资金 74.2 亿元，进一步提高农村义务教育保障水平，继续对农村义务教育阶段学生全部免除学杂费、免费提供教科书，补助家庭经济困难寄宿生生活费，进一步提高农村义务教育学校生均公用经费标准，确保小学达到 300 元、初中达到 500 元，达到国家规定的中西部基准定额。投入 536000 万元继续作为农村义务教育学校公用经费补助；投入 148000 万元用于免费提供教科书；投入 58000 万元作为家庭经济困难寄宿生生活费补助。二是投入 12790 万元，继续免除城市义务教育阶段学生的学杂费。三是投入 29000 万元，实施 167 所农村初中校舍改造。四是投入 3700 万元，新建、扩建 12 所特殊教育学校，保障残疾适龄儿童就学。五是投入 3 亿元，支持实施职业教育攻坚计划。推动国家职教改革试验区建设，实现中职招生规模 73.1 万人，首次超过普通高中招生人数。

2010 年河南省落实情况：一是全省共落实农村义务教育免学杂费资金 65.9 亿元、免费教科书资金 14.2 亿元，191 万名城市中小学生享受了免除学杂费，80 万名农村家庭经济困难寄宿生享受了生活费补助。二是全省中小学校舍安全工程累计开工 661 万平方米，累计竣工交付使用 472 万平方米。三是全省共投入资金 8543.2 万元，完成了 86 个中职教育攻坚计划项目年度建设任务。省财政共筹措与拨付 2009 年秋季学期至 2010 年秋季学期中等职业学校免除学费补助资金 5.38 亿元。四是全省累计筹措资金 3.73 亿元，对 200 多所城镇中小学校进行了改扩建，使进城务工人员随迁子女入学问题和中心城市"大班额"问题有了一定缓解。

2011 年河南省落实情况：一是全省投入资金 1031284 万元，继续对全省义务教育阶段农村中小学生免除学杂费和免费提供教科书，为农村家庭经济困难寄宿生提供生活费补助。二是投入 63438.69 万元，实施农村义务教育阶段学校教师特设岗位计划。三是投入 45961 万元，继续为城市义务教育阶段中小学生免除学杂费。四是投入 60216.8 万元，建立普通高中家庭经济困难学生国家资助制度，资助面占普通高中在校生总数的 20%，每生每年补助 1500 元。五是投入 49810.888 万元，继续实施中等职业学校农村家庭经济困难学生和涉农专业学生免学费政策，享受免学费政策的学生比例为学校扣除涉农专业学生后在校生的 15%。六是投入 15190 万元，在新安县、新县、辉县市、长葛市和邓州市五个县（市）实施农村学前教育试点建设工程，重点建设 62 所乡镇中心幼儿园和村级幼儿园，基本满足适龄幼儿入园需求。

2012 年河南省落实情况：一是全省投入"两免一补"资金 1087279.5469 万元。其中，公用经费补助 801166.13 万元，免费教科书补助 175570.4169 万元，农村家庭经济困难寄宿生生活费补助 110543 万元。二是投入 210424.09 万元，进行农村义务教育薄弱学校改造。三是投入 71660.31 万元，开展农村义务教育阶段学校教师特设岗位计划。四是投入 46046 万元，实施学前教育三年行动计划。五是投入 57650 万元，用于补贴普通高中国家助学金。六是投入 62016.2024 万元，对中等职业学校涉农专业、家庭经济困难学生和三年级顶岗实习困难专业、家庭经济困难学生免除学费。高中教育和高等教育毛入学率分别达 90% 和 27.22%。

2013 年河南省落实情况：一是全省共投入资金 963915.46 万元，完善义务教育经费保障机制，继续对全省义务教育阶段中小学生免除学杂费，向农村义务教育阶段中小学生免费提供教科书，为农村家庭经济困难寄宿生提供生活费补助。免费向集中连片特殊困难地区义务教育阶段 252 万名学生提供营养餐，免费向城市义务教育阶段学生提供教科书，基本解决了农民工随迁子女在城市接受义务教育问题，九年义务教育巩固率达 92%，高中教育毛入学率达 90.2%。二是投入 337470.547 万元，继续实施农村义务教育薄弱学校改造计划，改造农村义务教育薄弱学校 300 所、县镇普通高中 100 所，促进义务教育均衡发展。三是投入 104062.4074 万元，实施学前教育三年行动计划。四是投入 50578.757 万元，落实普通高中家庭经济困难学生国家资助政策。五是投入 28000 万元，实施边远艰苦地区农村学校教师周转宿舍建设工程。

　　2014 年河南省落实情况：截至 2014 年 7 月底，全省已落实财政资金 1390274.402 万元，用于提高城乡教育水平。一是投入 1146165.362 万元，完善义务教育经费保障机制，农村中小学生均公用经费基准定额小学为 560 元，初中为 760 元，补助学校每生每年 30 元冬季取暖费；继续对义务教育阶段学生免除学杂费，免费提供教科书，为家庭经济困难寄宿生提供生活费补助。二是投入 11180.99 万元，继续实施学前教育推进工程，通过以奖代补、政府购买服务等方式鼓励社会资本广泛参与新建、改扩建幼儿园。三是投入 12241.98 万元，继续实施农村初中校舍改造工程，完成 99 所农村初中改造任务。四是投入 115 万元，在边远艰苦农村学校建设教师周转宿舍。五是投入 61776.52 万元，继续实施农村义务教育阶段学校教师特设岗位计划。六是投入 136348 万元，继续实施农村义务教育学生营养改善计划，按照在校期间每人每天 3 元的标准，对国家集中连片特困地区 250 万名农村义务教育学生提供营养膳食补助。七是投入 21135.55 万元，继续实施河南省职业教育品牌示范院校和特色院校建设计划。八是投入 1311 万元，实施中等职业教育基础能力建设工程，重点支持 19 所学校建设教学等设施。

　　综上所述，教育民生工程紧紧贴近人民最迫切的困难，工作方针和政策也在摸索中调整完善。从工作梳理中我们可以看出以下几个突出特点：侧重点由只重视农村义务教育逐渐转向关注城乡教育的均衡发展，由覆盖面较小的项目逐渐转向惠及面较大的领域，由注重设施建设逐渐转向兼顾教师队伍建设，由只注重义务教育逐渐转向兼顾职业教育、高等教育等各个教育阶段，财政资金投入逐年增加，资金来源渠道逐渐多样化。

第二节　政策分析

一　主要成效

（一）工程的重心比较突出

从表 4-1 来看，教育民生工程开展以来，项目数量总体呈增加趋势，由 2005 年的 2 项增加到 2014 年的 9 项，项目数量增加反映了项目涉及领域在逐渐扩大。从项目涉及领域可以看出，教育民生工程的关注点逐渐由农村义务教育扩展到城镇义务教育，由义务教育逐渐扩大到学前教育、高中教育及职业教育等。2005 年"关于解决好农村贫困家庭子女入学难问题"、2006 年"增强农村义务教育保障能力"、2007 年"巩固提高农村义务教育水平"直接指明了工程重心在农村；2008～2010 年虽没有在标题上指明农村，但是具体的承诺条款多数带有"农村"和"义务教育"字样；2011～2014 年连续 4 年关注教育城乡均衡问题，但是承诺条款多数带有"农村"字样，工程项目也多偏向农村区域。综上所述，教育民生工程开展以来，河南省主要对农村义务教育给予持续关注，虽然也逐渐开始关注城镇义务教育和非义务教育，但关注度和项目数远远不够，项目数量的增加及关注领域的扩大等，并不能掩盖工作重心主要还是在农村义务教育领域。而现实是，我国正处于新型城镇化快速推进的攻坚阶段，新型城镇化的实质在于人的城镇化，城镇化伴随着农村人口向城镇尤其是中心城市流动，教育民生工程的服务对象大部分应该在城市而不是在农村，因此教育民生工程的政策导向与现实需要之间存在偏差。

表 4-1　河南省教育类项目数分类统计

单位：项

年份	农村项目数	城镇项目数	非义务教育项目数
2005	2	—	—
2006	4	—	—
2007	4	—	—
2008	4	3	—
2009	3	1	2
2010	2	2	1
2011	3	1	3
2012	5	2	3
2013	6	2	2
2014	6	1	2

（二）项目的持续性比较明显

从表 4-2 可以看出，教育民生工程开展以来，"两免一补"每年都有，保持了基础项目的持续性。2008 年教育民生工程开始涉及城镇义务教育免学杂费、农民工子女入学、城镇"大班额"问题解决。2009 年教育民生工程开始关注职业教育和特殊教育领域。虽然工程关注面有逐步扩大的趋势，但从项目涉及领域及主要内容看，多数项目主要还是集中在农村义务教育领域。

表 4 - 2　河南省教育类项目年份统计

年份	2005	2006	2007	2008	2009	2010	2011	2012	2013	2014
"两免一补"	√	√	√	√	√	√	√	√	√	√
中小学校舍维修改造	√	√	√	√	√		√	√	√	
中小学公用经费提标		√		√	√		√	√	√	√
中小学远程教育		√	√	√				√	√	
中小学课桌凳更新			√							
城镇义务教育免学杂费					√	√		√	√	
农民工子女入学				√		√			√	
城镇"大班额"问题解决				√		√		√		√
职业教育					√	√	√			√
特殊教育					√					
义务教育教师特设岗位							√	√		√

（三）资金的投入增加且渠道增多

从项目投入资金来看，财政资金投入呈增加趋势。从资金来源看，主要以财政投入为主，且中央转移支付占主要部分，2010年以后社会资本才逐渐占有微小比例。从调研情况来看，社会资本投入量太小且渠道严重不畅通，而且主要投向了学前教育等非义务教育领域，职业教育、高等教育等需要投入的领域不仅需要财政投入，而且需要社会资本投入。

（四）人民受益明显且满意度高

"民生连着民心，民生凝聚民力，民生关系发展，发展决定民生。"这句话辩证地诠释了经济发展与民生改善的关系。近年来河南省教育事业的持续快速发展，就得益于各项惠民政策的实施。

一是"两免一补"的惠民成效。2005年河南省实施"两免一补"以来，工程规模迅速加大，推进速度逐步加快，2005～2014年此项目一直没有中断，充分说明了河南省委、省政府落实十大民生工程的决心和力度。"两免一补"政策对社会公众影响很大，有专家认为，落实好"两免一补"是国家发展农村教育、减轻农民负担的重大举措，是在广大农村力推免费义务教育的先声，说明社会对农村教育和基础教育的殷切期望得到了党和政府的及时回应，是又一项功在当代、利在长远的"民心工程""德政工程"。虽然"两免一补"对一个孩子来说只有三四百元，但这笔钱对一个贫困家庭来说相当重要，甚至足以改变一个孩子乃至整个家庭的命运。从2005年11.6亿元的财政投入到2014年77.1亿元的财政投入，既有连续的政策保证，又有逐增的资金保障，使

"两免一补"落到实处。

二是中小学校舍维修改造工程的惠民成效。中小学校舍维修改造工程从 2005～2006 年中小学危房改造、2007 年校舍维修改造和中小学课桌凳更新配置、2008 年农村初中校舍和城镇薄弱学校改造、2012～2013 年农村义务教育薄弱学校改造，到 2014 年的农村初中校舍改造，侧重点一直在变化，但是 2005～2014 年确实坚持每年都在做。2005 年完成 480 万平方米的 D 级中小学危房改造任务。2006 年涉及项目学校 4587 所，改造 D 级危房 123.7 万平方米，建设校舍 193.7 万平方米。2007 年农村中小学现代远程教育工程新建农村教学点 1520 个，累计 100% 覆盖农村中小学。2014 完成 99 所农村初中校舍改造任务。

此外，从教师特设岗位的师资队伍建设到农村教师周转宿舍的建设和配备，从图书资料、实验仪器、音体美器材配备到多媒体远程教学设备配备，从学前教育、小学教育、中学教育到职业教育、特殊教育，从政府财政全包到鼓励社会力量、企事业单位办学并采取政府购买服务方式完成惠民工程，教育民生工程在多个领域做出了成绩。

二 存在问题

梳理和盘点教育民生工程的主要成效，我们看到了成绩，更找出了问题和不足。民生工程不仅体现在耀眼的数字上，而且体现在群众生活幸福感、满意度的提高上，十大民生工程作为探寻这一最终目的的具体实践，2005～2014年交付老百姓的成绩单是否合格？惠民成效如何？存在哪些不足甚至方向性错误？带着这些问题，依托调研基础，我们对教育民生工程十年工作做了更进一步的总结与评价。

2005～2014年，不管项目如何变化，形式如何变化，重点如何变化，范围如何变化，教育民生工程每年都有，而且做出了成绩，老百姓还是比较满意的。但这只是对个别领域的具体项目的满意，在某些方面还存在一些问题，具体如下。

（一）教育民生工程十年重心主要在农村，对教育资源急缺的城市重视不够

目前教育民生工程最主要的问题是，没有考虑新型城镇化的社会经济发展大背景，工作重心应该顺应人口流动由农村转向城市，教育民生工程实施脱离了社会发展的现实需要。在家家户户都关心、关注的最重要与最紧迫的教育项目选择决策上，未能经过深入、广泛的基层调研和理论论证，甚至缺少项目的调研建议、可行性研究等基本程序。民生工程在决策机制上要面对民生项目的选择，不同的民生项目以及不同民生项目的排列顺序都将直接影响民生工程实施的效果。从十年实践来看，民生工程在项目选择上存在一定的主观性、随意性。由于信息不对称、基层政府部门和群众参与度不够，地方公众的参与权、知情权和监督权不被重视，十大民生工程虽然经过了人大等机构的审议批准，但有的并不一定代表最广泛的民意，有时公共决策来源于长官意志。这些问题造

成项目形成方式多表现为自上而下，很多项目既不凸显社会需求，又不能解决社会的实际矛盾。只顾部门政绩而罔顾民生需求很有可能使民生工程要么沦为"空头支票"，要么由于进展缓慢成为"烂摊子"，造成一些项目资金不能发挥真正的民生作用。

（二）项目投入领域主要在公办教育，而广受欢迎的民办教育未被重视

民办教育的性质说明民办教育更贴近民生、更受群众欢迎。现实情况也确实如此，不少家长把民办学校作为孩子入学的首选，从一定程度上反映了群众对民办教育质量的认可。与此同时，公办教育管理与质量问题日益凸显，但是政府对公办教育的支持与投入力度远远高过民办教育，需求日益增加的民办教育没有得到政府应有的重视与支持，社会经济发展迫切需要多样的民办教育，因而项目投入领域应该适当从公办教育转向民办教育。

（三）多渠道融资主要涉及学前教育，尚未覆盖高等教育等其他领域

从 2012 年开始，政府明确提出要多渠道融资办学，鼓励社会力量、企事业单位开办幼儿园，采取政府购买服务、以奖代补等方式扶持民办幼儿园提供普惠性服务，解决约 50 万名适龄幼儿入园问题。2013 年提出实施学前教育三年行动计划，采取政府购买服务、以奖代补等方式鼓励社会资本广泛参与，新建、改扩建幼儿园 2600 所。2014 年提出通过以奖代补、政府购买服务等方式，鼓励社会资本广泛参与学前教育发展，进一步缓解城镇"入园难""大班额"等突出问题。但是目前多渠道融资主要涉及学前教育，对社会需求量比较大的职业教育和高等教育等领域还未涉及。

（四）尚未实现审计监督问责全覆盖，项目实施及资金使用效率低下

目前教育民生工程严重缺乏审计监督问责机制，存在审计盲区、跟踪审计的非常态化、审计体制不成熟等，造成教育民生工程的项目审计未实现全覆盖。加之教育民生工程涉及的实施或监管部门比较多，如财政、教育、建设、发改、纪检等，其行政级别相同甚至高于审计机关。部门权限的叠加使审计监督工作受到了一定的制约，无法正常发挥应有的监督问责作用。因此，一方面需要行政体系内部的监督问责机制坚实有力；另一方面应该将教育民生工程的相关信息置于阳光之下，接受公众的监督。

（五）各层级政府职能定位不明确，尚未完成向服务型政府的转变

由于长期以来受计划经济体制的影响，政府职能并没有真正实现分化，政府不但是学校的举办者、管理者，而且是事实上的办学者。政府举办各级各类学校，对其实施外部行政管理，并且直接干预学校教育教学的具体事务，学校成为政府的附属物，缺乏应有的自主权、办学动力和发展活力。政府作为公共服务供给的主体，肩负教育的诸多历史重任，

服务型政府的转型是社会经济发展的必然趋势。我国地方政府应尽快适应这种转变，尽快完成职能转变和角色定位。地方政府应着力在营造制度环境、制订发展规划、改善基本办学条件、加强规范管理和监督指导等方面发挥管理职能。应该努力解决政府层级太多、执行效率低下，部门权限叠加、责权界限模糊，财政能力弱化、资金收支失衡等问题。

第三节　政策建议

一　教育民生工程改革的政策建议

（一）重心转向城市

考虑到新型城镇化带来的人口流动，教育民生工程的工作重心应该从农村转向城市，教育民生工程说到底是为人民服务的，在项目选择时要关注人民的现实情况，不能自上而下盲目安排项目。现阶段要逐步增加城镇学校数量、提高办学质量，在关注义务教育的同时，逐渐将侧重点转向职业教育和高等教育，另外注重解决城镇"大班额"问题和流动务工人员子女上学难问题。

（二）重视民办教育

公办教育问题很多，民办教育广受欢迎，既然是民生工程，就要紧贴民意、顺应民意，逐步重视民办教育的发展。发展民办教育要有法可依、依法管理，我国已经出台了相关法律法规，如《民办教育促进法》《民办教育促进法实施条例》《关于加强民办高校规范管理引导民办高等教育健康发展的通知》《民办高等学校办学管理若干规定》等，应该依据国家法律法规和相关政策，加强民办教育规范管理，实现民办教育健康发展。教育民生工程应该兼顾公办教育和民办教育，发挥河南省民办教育协会的作用，使公办教育和民办教育协调发展。

（三）广纳民众意见

项目的选择只有尊重规律才能更贴近民生并反映民意。因此，应该适应新型城镇化的社会经济发展规律，建立反映民意的工程项目选择机制。第一，项目选择要更加贴近群众的切身利益，选择能给群众带来更多实惠的项目，在政府和公众之间建立良性互动的对话机制。第二，项目安排也要科学，有些教育民生项目对群众来说更为急切，现有的财力可以解决的就应该安排在前面，而其他关乎民生的项目则作为储备项目，在合适的时机予以启动。第三，建立教育民生工程项目退出机制，要加强对现有教育民生工程项目的优化，如一些民众需求度不高的无效项目应予以退出。

（四）巩固资金保障

为满足教育民生工程日益增加的资金需求，必须建立稳定、多元的长效筹资机制。一方面，要建立科学的民生财政支出体系，确定教育民生工程在财政支出体系中有稳定的支出项目和支出比例；另一方面，要建立科学的财政增长机制，随着民众需求的改变和提升，教育民生工程所需资金要不断提高。另外，教育民生工程的筹资还需要多元化，不断开拓新的财源，充分发挥企业、社会组织和个人的力量，让教育民生工程的资金充实起来。

（五）增加融资渠道

持续的资金投入带来了财政压力，要通过多种途径增加融资渠道，实现财政统管与政府购买并行。进一步强化激励引导措施，采取政府规划项目、政策扶持、以奖代补、贴息、配套担保等形式，鼓励和引导企业、社会组织、个人资金参与教育民生工程建设，形成稳定的多元化筹资机制。从理论上讲，政府既可向非营利组织购买服务，又可以向营利组织购买服务，只要它们能以同等的效率与质量提供服务即可。但从实际情况来看，大多数西方政府以向非营利组织购买公共服务为主，因此我们应主要关注政府向非营利组织购买教育公共服务。《国家中长期教育改革与发展规划纲要（2010～2020年）》提出："改进非义务教育公共服务提供方式，完善优惠政策，鼓励公平竞争，引导社会资金以多种方式进入教育领域。"在国内地方政府有意发展政府购买公共服务方式的趋势下，有必要更冷静、理智地分析和看待这一解决公共资源短缺问题的政府策略，实施财政统管与政府购买并行，并实现两种资源配置手段之间的均衡。

（六）拓展融资领域

在欧美国家，政府购买服务的内容和范围都十分广泛，不同国家政府对社会组织活动的资助具有不同的领域侧重性，不过一般集中在卫生（49%）、社会服务（47%）和教育科研（42%）等领域。具体到各国，非营利组织涉及的领域还是有所不同的，如英国和日本将最大份额的支出用在了教育领域；美国、德国关注最多的是医疗卫生领域；法国、意大利则主要关注各种社会服务。就教育领域而言，各国购买服务的侧重点也有所不同，美国和日本的非营利组织参与的重点在高等教育方面；法国的非营利组织则主要涉足中小学教育；意大利的非营利组织则主要关注教会学校和职业学校。我国目前教育民生工程多渠道融资仅仅涉及学前教育，应尽快将多渠道融资理念渗透到职业教育、高等教育等领域。

（七）强化监督问责

要建立严格规范的监督问责机制，加强体制内的制度监督和体制外的舆论监督，在工程项目的选择、实施前、完成后都要进行监督审核，开展工程类项目运行、资金使用管理情况专项检查，加大执法监察、审计监督、财政检查力度。另外，要主动接受群众监督评判，引导群众参与、支持、监督教育民生工程建设和管理。

（八）加强组织协调

教育民生工程作为一项系统工程，涉及的项目非常丰富，涉及的政府部门和利益主体也比较复杂。教育民生工程的长期有效推进需要多个相关部门合理的分工协作，要从制度层面对部门分工职责和合作关系进行规范、明确。近年来，随着教育民生工程项目日益增多，相关部门的组织协调难度逐渐加大，必须从纵向、横向和内部加强组织保障。要明确各级政府责任，在实施教育民生工程过程中，正确处理好事权划分和分类指导的关系。

（九）注重政策协同

教育民生工程政策也是具有时效性的，随着社会条件和政策对象的不断变化，教育民生工程需要不断进行政策的协同运行研究。教育民生工程作为一项长期的社会政策，其完善需要一个相对灵活的机制。具体而言，要把实施教育民生工程与社会保障、医疗卫生以及就业等事务统筹起来考虑，实现教育民生政策效益的最大化。

（十）建立长效机制

十年教育民生工程发展经验表明，现行的运行机制在初期发挥了一定作用，但现在我们回头来看，也出现了一些问题。发展要以民生为先，教育又是民生之要，教育民生工程要不容置疑地坚持做下去。但是教育民生需求是复杂的、多层次的、多阶段的、多方面的，教育民生问题的解决需要一个长期复杂的过程，这就需要思考制定教育民生工程长期有效的运转机制，教育民生工程的可持续性必须以科学灵活的长效机制为保障。

（十一）推进教育体制改革

改革开放以来，我国教育事业取得了巨大的成就，但在体制机制方面还存在不少问题，主要体现在对政府的"路径依赖", 对接市场需求的意识和程度还远远不够。这些问题不解决好, 就难以建成有中国特色、世界水平的现代职业教育体系。教育体制改革首先要解决政府与市场的边界问题, 政府要明确自己的主体职能和责任范围。一是要加快制定和完善办学标准、教师资格标准、专业教学标准、财政投入制度、质量评价制度、教育督导制度等, 并有效地进行监管。二是要调整财政支出结构和方向, 真正实现教育服务的有效按需供给, 并充分运用政策手段和经济杠杆引导教育转型发展。特别是要把有限的财力从以往的圈地建校、购买设备等转到课程资源建设、师资素质提高和教育质量提升等上来。三是要当好市场运行的"裁判员", 弥补市场调节资源的不足。

(十二) 完成财政体制改革

教育民生工程向社会提供的教育服务不仅内容繁多、涉及面广、投资额大, 而且需要持续投入。教育公共服务的产权为公共所有, 这决定了其必然是公益性的。现阶段, 教育公共服务难以通过私人资本投资满足需求, 因而实施教育民生工程是政府的必然选择和首要职责。一方面, 受边际效用递减规律的制约, 同样的社会公共服务为社会民众带来的享受程度和幸福感是不同的; 另一方面, 随着社会的不断发展, 人们的生活水平不断提高, 人们对社会公共产品的需求层次和质量也不断提升, 这就决定了民生工程不仅需要持续投入, 而且投资额会越来越大。这就需要我们着力思考解决两个主要问题：一是财政税收波动情况下公共服务供给投入的总量增加问题；二是财政资金投入总量不变或缓慢增加情况下的结构均衡问题。

（十三）明确政府职能定位

现代社会的政府定位正在从全能型向服务型转变，这也就意味着，政府在教育公共服务供给中虽仍将发挥主导作用，但其职能从"划桨"转向了"掌舵"，主要承担统筹规划、监督指导等职责，用计划、法律、经济、评估、信息服务及必要的行政手段对教育实行组织管理，根据资源配置效益最大化和效率最优化原则，确定教育公共服务供给方面政府与市场的边界。

（执笔：韩良良）

第五章　公共医疗卫生

背景资料

2005 年

河南省承诺：力争完成省定 600 所乡镇中心卫生院和国家资金支持的 500 所乡镇卫生院的改造任务；建立特困家庭医疗补助制度，逐步扩大新型农村合作医疗覆盖范围；针对艾滋病患者及其家庭的救治救助问题，落实"七个一"的医疗救治机制和"三种途径、三个确保"的救助机制，派工作队对重点村进行帮扶。

2006 年

河南省承诺："筹措资金 4 亿元，再安排 800 所乡镇卫生院改造，基本把全省乡镇卫生院改造一遍。新型农村合作医疗试点县由 25 个增加到 65 个，试点县的农村人口每人每年财政补贴标准由 20 元提高到 40 元。全面实施城乡医疗救助制度。"

2007 年

河南省承诺："筹措资金 8750 万元，对尚未改造的 175

所乡镇卫生院进行改造，增加基本医疗设备配置。再改造20所贫困县医院、中医院、妇幼保健院。将新型农村合作医疗试点县（市）扩大到96个以上，对没有列入试点但愿意承担中央财政补助资金缺口的县（市），省财政按试点标准安排配套资金，争取新型农村合作医疗制度在全省县（市）基本铺开。继续降低药品价格，整顿医疗服务价格，将按病种收费的试点范围由30个扩大到100个，调整政府定价范围内的药品价格，对价格偏高药品进行分期分批降价。"

2008 年

河南省承诺："通过政府筹措资金，建设5000个标准化村卫生室，对前期投入不足的贫困乡镇卫生院配备基本医疗设备。再改造14所县医院、13所县中医院、23所县妇幼保健院。在全省农村全面实行新型农村合作医疗制度，参合标准由每人50元提高到100元，提前实现基本覆盖全省农村居民的目标。""在50%以上的省辖市（含县、市、区）开展城镇居民基本医疗保险试点。高风险企业农民工基本参加工伤保险。""认真实施国家扩大免疫规划，将甲肝、流脑等15种可以通过接种疫苗有效预防的传染病纳入国家免疫规划范围。加强计划免疫冷链系统建设。""继续降低药品价格和过高的医疗收费标准，扩大单病种限价收费的试点范围。""加强艾滋病防治，对定点村卫生室和乡镇卫生院艾滋病救治防治给予经费补助；落实艾滋病救治防治乡村一线医务人员待遇，村级医务人员工资每人每月不低于600元；乡镇卫生院直接服务艾滋病人的医务人员每人每月补助 300 元；进一步提高艾滋病救治水平。"

2009 年

河南省承诺："筹措资金建设 1 万个标准化村卫生室，为 1200 个乡镇卫生院配备基本医疗设备，完成 370 个薄弱乡镇卫生院改造，新建扩建 500 个乡镇计生服务站。将大学生全部纳入城镇居民医疗保险范围，提高城镇居民医保和新农合的参保率。及时为依法关闭破产企业退休人员办理医保接续。扩大工伤保险覆盖面，力争参保人数达到 505 万人。创建白内障无障碍省，免费对贫困白内障患者实施 10 万例复明手术。进一步抓好艾滋病救治救助工作，全面落实结核病'三免费'政策。扩大免疫规划，在使用 5 种国家免疫规划疫苗预防 7 种传染病的基础上，扩展到使用 9 种疫苗预防 12 种传染病。"

2010 年

河南省承诺：（1）扩大新农合门诊统筹试点，将财政补助标准提高到 120 元，大病住院报销封顶线提高到 6 万元。（2）提高城镇职工、城镇居民基本医保最高支付限额标准和住院支付比例。基本解决各类关闭破产企业退休人员和困难企业职工医疗保障问题。（3）扩大国家基本医疗药物制度覆盖面，在郑州、洛阳等 12 个省辖市基层医疗机构全面实施。（4）落实好基本公共卫生服务均等化，确保城乡居民人均基本公共卫生服务经费标准不低于 15 元。（5）健全基层医疗卫生服务体系，完成1万个行政村卫生室建设改造，改造30所县级医院（中医院）、100所乡镇中心卫生院和50所城市社区卫生服务中心。（6）实施农村卫生人才队伍建设"51111"工程。（7）继续实施扩大国家免疫规划，为15岁以下人群补种乙肝疫苗，对19.2万人次农村妇女进行免费两癌检查，为农村妇女孕前和孕早期补服叶酸，努力实现全省农村妇女住院分娩（平产）免费。

2011年

河南省承诺：（1）加大各级政府医改投入，积极推进基本公共卫生服务均等化，确保全省城乡居民人均基本公共卫生服务经费标准提高到25元。（2）巩固完善新农合制度，提高新农合保障水平，扩大门诊统筹试点。（3）继续实施扩大国家免疫规划，维持无脊灰状态，降低5岁以下儿童乙肝表面抗原携带率，对18.6万名农村妇女进行宫颈癌检查，对1.6万名农村妇女进行乳腺癌检查。继续实施农村孕产妇住院分娩、农村妇女孕前和孕早期补服叶酸等重大公共卫生项目。（4）提高全省城乡居民基本医疗保险参保率。

2012年

河南省承诺：（1）积极推进基本公共卫生服务均等化，确保2012年全省城乡居民人均基本公共卫生服务经费标准不低于25元。（2）健全覆盖城镇居民的基本医疗保险制度，确保城镇基本医疗保险参保人数达2153万人，覆盖率在90%以上。城镇居民医保政策范围住院费用支付比例达

70%，城镇居民门诊统筹在基层医疗卫生机构的支付比例不低于50%。（3）进一步完善新农合制度，实施新的统筹补偿方案，提高住院费用报销比例、住院补偿封顶线和大病保障水平，参合农民在乡、县、市和省级医院住院报销比例分别提高到90%、80%、70%、65%，住院补偿封顶线由10万元提高到15万元，一次性住院花费超过6万元的政策范围内报销比例提高到80%，10万元以上提高到90%。全面启动新农合就医"一卡通"。（4）健全基层医疗卫生服务体系，完成7999所标准化村卫生室改造，全面实现将全省村卫生室改造一遍的任务。实施乡镇卫生院温暖工程，启动400个左右乡镇卫生院取暖设施和房屋保暖改造工程项目，逐步解决农村居民反映强烈的冬季住院取暖问题。（5）继续实施农村孕产妇住院免费、农村妇女孕前和孕早期补服叶酸、农村妇女宫颈癌与乳腺癌检查等重大公共卫生项目，实施国家免费孕前优生健康检查项目。（6）继续实施扩大国家免疫规划，维持无脊灰状态。

2013 年

河南省承诺：（1）"积极推进基本公共卫生服务均等化，确保2013年全省城乡居民人均基本公共卫生服务经费标准不低于30元。"（2）"进一步完善新型农村合作医疗制度，全面开展农村居民20种重大疾病医疗保障工作，新农合对相关病种实际补偿比例达到70%左右。积极开展农村居民大病保险试点工作，提高参合群众实际保障水平。"（3）"健全基层医疗卫生服务体系，改扩建县级医院、市级医院20所以上，继续实施乡镇卫生院取暖工程，加快770所乡镇卫生院取暖设施和房屋保暖工程改造项目建设，逐步解决农村居民反映强烈的冬季住院取暖问题。"（4）"全面实现医疗保险和生育保险市级统筹，基本实现医疗保险参保人员省内异地就医住院医疗费用即时结算。"（5）"继续实施农村孕产妇住院补助、农村妇女孕前和孕早期补服叶酸、妇女宫颈癌和乳腺癌免费检查等重大公共卫生项目，实施国家免费孕前优生健康检查项目。"（6）"在全省范围内实施扩大国家免疫规划，继续维持无脊灰状态，继续降低5岁以下儿童乙肝表面抗原携带率。完成0~6岁适龄儿童预防接种任务，适龄儿童疫苗接种率城市以区为单位达到95%以上，农村以乡为单位达到90%以上，常规预防接种完成约3520万剂次。"（7）"继续实施0~6岁贫困残疾儿童抢救性康复工程，有效改善贫困残疾儿童的生存与发展状况。"

2014 年

河南省承诺：（1）"积极推进基本公共卫生服务均等化，确保2014年全省城乡居民人均基本公共卫生服务经费标准不低于30元。"（2）"将城镇居民医保和新农合人均财政补助标准由280元提高到320元，巩固新农合35种重大疾病医疗保障工作，相关病种实际补偿比例达到70%左右；全面开展新农合大病保险试点工作。"（3）"健全基层医疗卫生服务体系，在人口大县和贫困、边远地区再改造15所左右县级医院、200 所乡镇卫生院和 2000 所村卫生室，开工建设 4 所省辖市儿童医院（综合医院儿科）和 6 个全科医生规范化临床培养基地，重点加强县级医院临床重点学科建设，进一步提升河南省医疗卫生服务体系综合服务能力。"（4）"加强公共卫生服务体系建设，改造 15 个县级妇幼保健机构、20 个县级疾病预防控制机构，提升公共卫生服务水平。"（5）"实施乡镇卫生院取暖工程，再安排 774 所乡镇卫生院取暖设施和房屋保暖工程改造项目，逐步解决农村居民反映强烈的冬季住院取暖问题。"（6）"实施远程医疗科技惠民工程，建设 18 个省辖市的远程医疗分中心，开展远程会诊、监护、教育、手术指导等远程医疗活动，依靠先进科技成果实现'送医下乡'，开展基层疑难病症会诊，完成医疗人员培训 10 万人次、健康咨询 3 万余人次。"（7）"继续实施农村孕产妇住院补助、农村妇女孕前和孕早期补服叶酸、妇女宫颈癌和乳腺癌免费检查等重大公共卫生项目，逐步促进免费孕前优生健康检查城乡全覆盖，启动实施贫困地区儿童营养改善项目。"（8）"在全省实施扩大国家免疫规划，继续维持无脊灰状态，继续降低人群乙肝表面抗原携带率。适龄儿童疫苗接种率城市以区为单位达到 95% 以上，农村以乡镇为单位达到 90% 以上。完成 0~6 岁适龄儿童预防接种任务，常规预防接种完成约 3520 万剂次。"（9）"对 1 万名贫困残疾儿童进行抢救性康复，有效改善贫困残疾儿童的生存与发展状况。"

第一节　实施情况

河南省十大民生工程是从 2005 年开始实施的，实施以来，河南省每年都有涉及提高公共医疗卫生服务水平的举措。可见，历届省委、省政府都意识到了在河南省提高公共医疗卫生服务水平的重要意义。

2005 年的举措如下：一是提高乡镇卫生院的服务能力。600 所中心卫生院和国家资金支持的 500 所乡镇卫生院全部建成并投入使用；在省财政投资的带动下，各地自主投资改建、扩建了 289 所乡镇卫生院。全省 68% 的乡镇卫生院基础设施得到改善，乡镇卫生院服务能力有了较大提高。据不完全统计，乡镇卫生院门诊、急诊人次同比增长了 14%，收住人次同比增长了 23%。二是新型农村合作医疗稳步推进。25 个试点县（市）实际参合农民 1118.35 万人，参合率达73.2%。享受合作医疗补偿的人数达 2203.8 万人次，补偿金额为 58367.56 万元，其中有 88.4 万人次享受了大额（住院）补偿，享受 5000 元补助以上的参合农民达 8492 人。三是针对艾滋病患者及其家庭的救治救助问题，落实"七个一"的医疗救治机制和"三种途径、三个确保"的救助机制，继续派工作队对重点村进行帮扶。在预防救治方面，全省 130 个疾病控制中心、17 所市级传染病医院、18 所市级紧急救援中心和 108 所县级综合医院传染病区建设全部完工；建立了

494 个 HIV 初筛试验室、35 个确认试验室、235 个自愿咨询检测室，设立了 41 个监测哨点，组建了省、市、县三级高危行为干预工作队；完成了高危人群的监测和母婴传染途径阻断工作；不断加大健康教育力度；高危人群行为干预工作得到良好开展；临床用血 100% 来源于无偿献血，抽检合格率达 100%，无偿献血率继续保持全国第一；582 所定点乡镇卫生院和 206 个村卫生室建设得到了重点加强；全员防治技术培训工作全面展开；救治工作制度趋于完善；艾滋病防治科研工作取得了很大成效，当年河南省艾滋病患者死亡率已由 2001 年的 15.42% 下降为 7.68%。在救助方面，符合条件的艾滋病患者、感染者家庭成员已被纳入低保或特困户救济范围；艾滋病致孤人员得到了妥善安置，致孤人员生活费发放到位；艾滋病家庭子女在义务教育阶段，享受了"两免一补"政策，上高中的，每人每年补助 800 元。第二批驻村帮扶工作队共 380 名队员，进驻了 38 个重点村。

2006 年的举措如下：（1）800 所乡镇卫生院建设项目按计划顺利推进。第一批 400 所乡镇卫生院建设任务，已竣工或主体完工 399 所，完成投资 2.1791 亿元。第二批 406 所建设任务，已开工建设 364 所。（2）新型农村合作医疗试点工作得到扎实有效推进。试点县域总数达 65 个，覆盖 4000.03 万名农民，占农村人口总数的 59%。试点地区群众平均参合率达 80.96%。参合农民每人每年的补助标准由 20 元提高到了 40 元。（3）城乡医疗救助制度全面实施。

2007 年的举措如下：中央补助河南省国债资金 17860 万元、省财政筹集 750 万元，用于 175 所乡镇卫生院和 23 所县级医疗机构建设项目及乡镇卫生院设备配备项目。此外，河南省筹集了 1400 万元，扶持建设了 1600 个村卫生室。河南省开展新型农村合作医疗的县（市）达 143 个，农民群众参合率达 86.95%，1~11 月，享受合作医疗补偿的农民达 2584.09 万人，其中 261.59 万人享受了大额（住院）补偿，7739 人享受了达到封顶线的补助。新型农村合作医疗制度已在全省铺开。当年分 4 批降低了 1103 种 6352 个规格的药品价格，降价总额达 9.6 亿元。坚持实施以省为单位药品网上集中招标采购。经初步测算，招标药品价格较上年平均下降 16.6%，降价金额约为 13 亿元。深入开展医院管理年活动，整顿医疗服务价格，全省医院门诊、住院人次收费分别约为全国平均水平的 68%、58%，处于最低水平。按病种收费的试点数量由 30 个扩大到了 100 个，试点医院由 3 家扩大到 39 家，病人到医院看病"一口价"，为患者节省医疗费用 130 多万元。

2008 年的举措如下：（1）在改善基层医疗条件及新农合方面，省财政当年补助 8000 万元资金，建设了 8000 个标准化村卫生室，完成年度目标的 160%。争取国债资金 8700 万元，为乡镇卫生院配备医疗设备 8285 台（件），基层医疗卫生条件明显改善。筹措资金改造了 17 所县医院、13 所县中医院、23 所县妇幼保健院。全省 157 个有农业人口的县

（市、区）全面实行了新型农村合作医疗制度，参合标准由50元提高到100元，提前实现了覆盖全体农村居民的目标。（2）在城镇居民基本医疗保险和高风险企业农民工参加工伤保险方面，全省18个省辖市全部开展了城镇居民基本医疗保险试点工作，参保人数达620.3万人。高风险企业农民工基本都参加了工伤保险，参保人数达60.6万人。（3）在扩大国家免疫规划方面，河南省下发了《河南省扩大国家免疫规划实施方案》等文件，落实资金1.75亿元，筹措资金4000万元，统一采购冷库157个、医用冰箱3300台、冰柜3000台，对全省各级疾控中心、预防接种门诊的免疫规划冷链设施进行了扩容和更新。（4）在降低药品及医疗服务价格方面，全年分三次降低了506种1355个剂型规格的药品价格，平均降价幅度为13.66%，累计降价金额达1.26亿元。通过对全省现行医疗服务项目价格进行排查，河南省选定了200项标准偏高的医疗服务收费项目予以降价，总体降价幅度为13.5%，减轻群众就医负担8000万元。通过对全省二级以上医疗机构进行筛选，河南省新增按病种付费试点医院61家，全省按病种付费试点达100家医疗机构、100个病种，在全国居于领先水平。（5）在艾滋病防治方面，2008年省财政共下拨艾滋病现症病人抗机会性感染免费治疗经费1.131亿元，全省42个县（市、区）落实定点乡村医疗机构运转经费和医务人员补助经费1206万元。乡、村两级艾滋病防治一线医务人员补助政策得到了落实，补助标准分别为300元、600

元。

2009 年的举措如下：一是筹措资金 2.03 亿元，建设标准化村卫生室 10000 个。二是筹措资金 1.16 亿元，为 1296 个乡镇卫生院配备了基本医疗设备，完成年度目标任务的 108%。三是筹措资金 4.95 亿元，完成了 370 个薄弱乡镇卫生院的改造任务，受益群众达 3000 万人次。四是筹资 2.23 亿元，新建、扩建了 500 个乡镇计生服务站。五是全省 157 个有农业人口的县（市、区）7477.2 万人参加新农合，参合率达 94.08%。1～11 月，全省享受新农合补偿的参合农民达 4249.25 万人次，其中大额补偿 467.68 万人次，小额补偿 3749.53 万人次，达到封顶线 3 万元的参合农民有 1748 人。六是全省 110 万名全日制在校大学生参加城镇居民医保 100 万人，参保率达 90.9%。七是全省城镇居民基本医疗保险参保人数达 1050 万人，完成年度目标任务的 101.9%。八是中央及中央下放地方政策性关闭破产和地方依法破产国有企业的 31.9 万名退休人员已全部被纳入医疗保险。九是全省工伤保险参保人数达 521 万人，完成年度目标任务的 103.2%。共为贫困白内障患者免费实施复明手术 21.35 万例，完成年度目标任务的 213.5%。十是全省所有省辖市、县（市、区）通过了"白内障无障碍市、县"验收，达到了发现一人复明一人的水平，使河南省提前实现了创建"白内障无障碍省"的目标。十一是"四免一关怀"政策得到较好落实，艾滋病综合防治示范区由 10 个县份扩展到了 16 个县份。十二是河南省在全国率先实施结核病"三项免费"政策，持续五年保持现代结核病控制策略 100% 覆盖。全省共登记活动性肺结核病人 67989 例，其中新涂阳肺结核病人 33903 例，新涂阳肺结核治愈率达 89%，高于国家要求标准 4 个百分点。十三是实现了使用 9 种疫苗预防 12 种传染病的免疫规划目标。0～7 岁儿童接种 3098.68 万剂次，较 2008 年增加 662.25 万剂次，接种率达 99.64%。

2010 年的举措如下：一是全省新型农村合作医疗参合人数达 7651.48 万人，参合率为 96.51%，开展门诊统筹试点的县（市、区）占全省县域的 50% 以上，人均财政补助标准达 120 元，大病住院报销封顶线提高到 6 万元。二是全省 18 个省辖市城镇居民医保政策范围内的住院费用报销比例在 60% 以上；17 个省辖市城镇居民基本医疗保险加大额补充保险的最高支付限额达到当地城镇居民可支配收入 6 倍以上。在 154 个统筹县（市、区）中，152 个城镇职工医保政策范围内的住院费用比例在 75% 以上，占全部统筹地区的 98.7%；153 个统筹地区职工基本医疗保险加大额补充保险的最高支付限额是当地在岗职工平均工资的 6 倍以上，占全部统筹地区的 99.4%。应纳入中央财政补助范围的中央及中央下放政策性破产国有企业退休人员 104.78 万人，以及地方依法破产国有企业退休人员 28.06 万人，已全部按规定被纳入城镇职工医疗保险。三是 2010 年 3 月 1 日，河南省在郑州、焦作、鹤壁、平顶山、安阳、济源 6 个试点市的 47 个县

（市、区）401 家乡镇卫生院、77 家社区卫生服务机构启动实施了第一批国家基本药物制度试点。第二批国家基本药物制度试点于 2011 年 1 月 1 日在洛阳等 6 个省辖市的 50 个县（市、区）启动。河南省在国家公布的 307 种基本药物基础上又增补 200 种，并将基本药物纳入新型农村合作医疗报销范围，报销比例比基本药物提高 10 个百分点。四是基本公共卫生服务均等化。河南省启动实施了 9 类国家基本卫生服务项目，在人均 15 元的公共卫生经费中，中央补助的 9 元及省级配套的 3 元已拨付到位，大部分市县配套资金也已落实到位。全省累计为城市居民建立个人健康档案 974.65 万份，其中规范化建档 823.51 万份；累计为农村居民建立个人健康档案 2170 万份，建档率达 28.68%。五是基层医疗卫生服务体系建设。全省共完成 10990 个村卫生室、57 家县级医院、108 家乡镇中心卫生院、109 个社区卫生服务中心的建设改造任务，分别占全年目标任务的 109.9%、190%、108% 和218%。六是农村卫生人才队伍建设。全省面向社会统一公开选拔了 140 名医疗卫生专业硕士毕业生、1200 名本科毕业生、1000 名专科毕业生到基层医疗卫生单位服务；委托郑州大学、河南中医学院为全省县级疾病预防控制中心、卫生监督所和乡镇卫生院定向培养 543 名本科、专科大学生；各级医疗卫生培训基地共免费轮训乡村医生 30051 人。七是扩大国家免疫规划。全省完成了 3017.7 万剂次、138.4 万名目标儿童的常规疫苗接种任务，接种率在 98% 以上；为 15 岁以下的 528.1 万人补种乙肝疫苗 1243.7 万剂次，接种率达 96.03%；为 20.1 万名农村妇女进行了宫颈癌免费检查，为 16872 名农村妇女进行了乳腺癌免费检查，为 86.3 万名农村妇女免费增补了叶酸，为 93.9 万名符合条件的农村孕产妇提供了住院分娩补助。

2011 年，在着力提高公共医疗卫生服务水平方面，河南省开展了 6 项工作，累计投入资金 223.82 亿元（其中财政资金 210.88 亿元，占年初预算的 124.8%），"扩大国家免疫规划及农村妇女两癌免费检查"完成目标任务的 107.18%，"提高新农合保障水平""提高城镇居民医保参保率""提高新农合参保率""基本公共卫生服务均等化""农村孕妇分娩补助和免费增补叶酸" 5 项工作如期完成年度任务。

2012 年的举措如下：一是基本公共卫生服务均等化有序推进。人均基本公共卫生服务经费补助标准从 2009 年的人均 15 元提高到 25 元。二是健全覆盖城镇居民的基本医疗保险制度。截至 12 月底，全省城镇基本医疗保险参保人数达 2221.65 万人，完成了年度目标任务的 103.2%，参保率在 90% 以上。全省城镇职工医疗保险住院费报销比例达 72%，高于既定目标 2 个百分点；城镇居民门诊统筹在基层医疗卫生机构的支付比例达 50%，完成既定目标。三是进一步完善新农合制度，从 2012 年 1 月 1 日起，全省实施新的统筹补偿方案，人均筹资水平提高到 290 元，将新农合住院费用补偿封顶线从 10 万元提高到 15 万元，乡、县、市和省级医院住院报销比例分别提高到 90%、80%、70%、65%，为全国最高。一次性住院花费超过 6 万元的政策范围内报销比例提高到 80%、10 万元以上提高到 90%，完成目标任务。2012 年 3 月，新农合就医"一卡通"正式启动，2013 年将进入大批量制发卡阶段。四是健全基层医疗卫生服务体系。全年 7999 所村卫生室建设任务全部完成，实现将全省行政村村卫生室建设一遍的目标；顺利启动了乡镇卫生院取暖工程建设项目，启动了郑州、洛阳等 6 个省辖市的 450 个项目单位的取暖设施和房屋保暖改造工程，超过任务目标 50 个。部分项目单位取暖设备当年顺利投入使用。五是全年全省农村孕产妇住院分娩补助 111 万人，农村妇女孕前和孕早期补服叶酸 88.9 万人，农村妇女宫颈癌检查完成 47 万人次，农村妇女乳腺癌检查完成 4.8 万人次。六是继续实施扩大国家免疫规划，认真开展查漏补种和强化免疫工作。全省已连续 20 年维持无脊灰状态，连续 15 年维持无白喉病例报告；免费接种 11 种疫苗预防 12 种传染病，常规疫苗接种率连续 10 年保持在 98% 以上，高于国家要求；麻疹发病率从 2008 年的 9.9/10 万下降到 0.164/10 万，处于历史最低水平。

2013 年的举措如下：一是在推进基本公共卫生服务均等化方面，人均基本公共卫生服务经费补助标准从人均 25 元提高到 30 元，免费为城乡居民提供 12 类 45 项基本公共卫生服务，中央和省补助经费 19.8 亿元全部预拨至各省辖市和省直管县（市）。二是在完善新型农村合作医疗制度方面，河南省将新农合人均财政补助标准提高到 280 元，全省参合农民达 8119.46 万人，参合率达 98.34%，住院补偿封顶线达 15 万元，在全国率先实现跨区域即时结报；农村居民重大疾病医疗保障扩大到 20 个病种，在省、市、县医疗机构限（定）额范围内费用按 65%、70%、80% 的比例进行补偿。对于其他大病住院一次性花费超过 5 万元的参合患者，5 万元以上部分报销比例提高到 80%，8 万元以上部分提高到 90%。从 2013 年 9 月 20 日起，全省把苯丙酮尿症等 15 个医疗费用较高、治疗效果好、社会效益显著的儿童常见大病纳入重大疾病保障范围。三是在健全基层医疗卫生服务体系方面，全省中央投资卫生建设项目共有 13 类 3757 个，中央补助投资 14.63 亿元。其中，市级综合医院 1 个，儿童医疗服务体系建设项目 4 个，全科医生临床培养基地建设项目 8 个，食品安全风险监测体系建设项目 2 个，市级妇幼保健机构 1 个，市级结核病、职业病防治机构 2 个，县级医院建设项目 15 个，县级妇幼保健院 20 个，县级疾控中心 30 个，农村急救体系 54 个，乡镇卫生院 290 个，乡镇卫生院周转房 1280 套，村卫生室建设项目 2050 个。计划启动乡镇卫生院取暖工程建设项目 771 个，总投资 20545 万元，省级补助的 7710 万元专项资金已全部下达各地。四是在推进医疗保险和生育保险市级统筹方面，全省 17 个省辖市（不含济源市）全部出台了实施方案并上解调剂金。各省辖市累计征收医疗保险市级统筹调剂金 4.26 亿元，生育保险市级调剂金2895万元。医疗保险参保人员省内异地就医即时结算平台建设已经实现了信息系统、标准编码和清算支付渠道的"三个统一",新乡、濮阳和济源3个试点市省级平台异地就医工作进展顺利,参保人员入院身份确认、诊疗、待遇审核、出院即时结算等基本流程运转平稳顺畅,基本实现了医疗保险参保人员省内异地就医费用即时结算。五是在实施农村妇幼免费检查等重大公共卫生项目方面,河南省积极推广妇幼卫生适宜技术,完善出生缺陷三级预防措施,新生儿疾病筛查率在65%以上,免费婚检率达66%。2013年,全省农村孕产妇住院分娩补助1059436人,农村妇女孕前和孕早期补服叶酸941458人,农村妇女宫颈癌检查人数合计达511790人次,农村妇女乳腺癌检查人数合计达49371人次。六是在全省范围内实施扩大国家免疫规划方面,河南省科学有序开展人感染H_7N_9禽流感疫情防控,艾滋病、结核病、手足口病等重大传染病得到了有效控制;高血压、糖尿病等慢性病防治逐步规范。基础免疫报告接种率均达到预期目标,应种3526.9万剂次,实种3520万剂次,接种率达99.8%,其中儿童接种持证率达99.67%,信息化录入率达99.87%;甲肝、乙脑、流脑等传染病发病率持续下降,5岁以下儿童乙肝表面抗原携带率降至1%以下,低于全国平均水平。七是在实施0~6岁贫困残疾儿童抢救性康复救助方面,全省全年投入资金1亿多元,共救助各类残疾儿童10482名,完成年度目标任务的104.8%。

第二节 政策分析

一 主要成效

（一）农村医疗卫生基础设施得到有效改善

2005～2013 年，在河南省十大民生工程中，基本每年都有农村医疗卫生基础设施建设的内容。一是河南省乡镇卫生院的建设和改造。2005～2007 年，河南省连续三年对全省乡镇卫生院进行了建设和改造。二是为乡镇卫生院配备设备。2007～2009 年，在乡镇卫生院建设、改造的基础上，河南省连续三年花费巨额资金为其配备了一定的基础医疗设备，其中仅 2009 年就投入资金 1.16 亿元，为 1296 个乡镇卫生院配备了基本医疗设备。三是农村卫生室的建设和改造。2008～2013 年，河南省连续六年安排了村标准化卫生室建设，共改造和建设了 38930 个村标准化卫生室。四是县级医疗机构建设，河南省在 2005 年、2007 年、2008 年、2010 年、2013 年和 2014 年安排了县级医疗机构建设的工作任务，共建设和改造了 108 所县级综合医院传染病区、112 个县级综合医院、13 个县级中医院、58 个妇幼保健医院、50 个县级疾控中心。五是实施乡镇卫生院取暖工程。河南省在 2012 年、2013 年、2014 年共实施了 1995 个乡镇卫生院取暖工程建设。

可以看出，公共医疗卫生领域民生工程的投入重点是农村三级医疗卫生机构的基础设施建设，可以说抓住了河南省医疗卫生事业的薄弱环节。首先，这些项目的实施改变了乡镇卫生院等农村医疗卫生机构房屋破旧、基本医疗设备短缺的状况，病床使用率、门诊次数和住院人次明显增加。如2005年，河南省乡镇卫生院门诊、急诊人次同比增长了14%，收住人次同比增长了23%。其次，随着基础设施和医疗设备的改善，农村常见病、多发病防治能力得到了显著提升，提高了农民的生活质量和健康水平。最后，这些项目的实施解决了长期以来农民看病难的问题，使农民感受到了党和政府的关怀，对加快社会主义新农村建设步伐、促进农村精神文明建设及经济发展起到了很大的作用。

（二）新型农村合作医疗事业不断发展

2005～2014年，河南省每年都安排了新型农村合作医疗项目，经过不懈努力，河南省新型农村合作医疗制度得以在广大农村确立并不断完善。

一是2008年实现区域范围全覆盖。河南省新型农村合作医疗试点工作于2003年9月启动，随着其于2005年被纳入河南省十大民生工程，试点县（市）范围不断扩大，由2005年的25个，发展到了2006年的65个、2007年的143个。2008年，全省157个有农业人口的县（市、区）全面实行了新型农村合作医疗制度。

二是2013年基本实现参合农民人数全覆盖。在十大民生工程的强力推动下，河南省农民参合人数和参合率节节攀升。

2005 年实际参合农民为 1118.35 万人，参合率为 73.2%；2006 年实际参合农民为 4000.03 万人，参合率达 80.96%；2007 年参合率达 86.95%；2008 年参合率达 91.8%；2009 年参合农民达 7477.2 万人，参合率达 94.08%；2010 年参合农民达 7651.48 万人，参合率达 96.51%；2011 年参合农民为 7804.46 万人，参合率为 96.96%；2012 年参合农民达 7965 万人，参合率为 97.65%；2013 年参合农民为 8119.46 万人，参合率达 98.34%（见表 5 - 1）。

表 5 - 1　　2005~2013 年新农合参合率情况

单位：%

年份	参合率	年份	参合率	年份	参合率
2005	73.2	2008	91.8	2011	96.96
2006	80.96	2009	94.08	2012	97.65
2007	86.95	2010	96.51	2013	98.34

三是参合农民财政补贴的标准不断提高。2005 年试点县（市）的农村人口每人每年财政补贴标准为 20 元，2006 年提高到 40 元，2007 年提高到 50 元，2008 年提高到 100 元，2013 年新农合人均财政补助标准提高到 280 元，2014 年的十大民生工程工作方案将新农合人均每年财政补助标准由 280 元提高到了 320 元。

四是大病住院报销的封顶线不断提高。2005 年河南省大病住院报销的封顶线为 5000 元，2009 年提高到 3 万元，2010 年提高到 6 万元，2011 年提高到 10 万元，2012 年提高到 15 万元,到 2014 年提高到 20 万元。新型农村合作医疗制度在河南省的全面确立有效地改善了广大农民的医疗服务条件,促进了河南省医疗卫生事业的稳定健康发展。

(三) 公共卫生服务逐步得到加强

从河南省十大民生工程的实施状况来看,2005～2009 年十大民生工程并没有明确地将公共卫生服务纳入工作范畴,存在重医疗轻卫生的现象。从 2010 年开始,在国家政策要求下,十大民生工程将公共卫生明确地纳入工作范畴,并成为重要内容。首先,在十大民生工程的支持下,河南省基本公共卫生服务均等化得到了有序推进。一是资金投入逐年增加,城乡居民人均基本公共卫生服务经费标准从 2010 年的不低于 15 元,提高到了 2011 年和 2012 年的 25 元,2013 年和 2014 年进一步提高到了 30 元。二是资金投入的成效明显。如 2010 年全省累计为城市居民建立个人健康档案 974.65 万份,其中规范化建档 823.51 万份;累计为农村居民建立个人健康档案 2170 万份,建档率达 28.68%。目前,在十大民生工程的有效推动下,河南省初步形成了"政府购买、服务同质、合同管理、乡村一体、绩效支付"的公共卫生服务河南模式,得到了世界卫生组织的高度赞誉。其次,从 2010 年开始,河南省十大民生工程将农村孕产妇住院分娩、农村妇女孕前和孕早期补服叶酸等重大公共卫生项目也纳入工作范畴,并提供支持。

(四) 基层医疗卫生人才队伍素质普遍提高

从 2010 年开始,河南省实施农村卫生人才队伍建设

"51111"工程，即用 5 年时间投资 4 亿元，免费为县级医疗卫生机构培养 1000 名研究生，为县级医疗卫生机构和中心乡镇卫生院各培养 10000 名本科生，为乡镇卫生院培养 10000 名专科生，逐步实现县级医疗卫生机构人员以本科生为主、乡镇卫生院卫生人员以专科生为主，同时，让全省 10 万名注册乡村医生免费轮训一遍。当年即为县乡医疗卫生机构招聘培养 200 名研究生、2000 名本科生、200 名专科生，免费轮训 20000 名注册乡村医生。

二 存在问题

（一）项目选择行政特征明显

对河南省十大民生工程中提高公共医疗卫生服务水平的项目进行分析，我们发现，项目确定的行政性较为明显，主要表现在乡镇卫生院的建设和改造方面。2005～2013 年，河南省共改造和建设了 2000 多家乡镇卫生院，涵盖了河南省所有乡镇卫生院，而河南省乡镇卫生院是按照行政区域设置的，原则上每一个乡镇设立一所乡镇卫生院。由此可知，这些项目的安排是按照行政区划进行的。此外，这些项目是自上而下由政府以文件和政策规定的形式下达的，带有很强的行政指令性、主观性和统一性。然而，在河南省城镇化进程不断加快的今天，城区、城郊、或工业区乡镇卫生机构设置的必要性并不强，但在项目实施过程中并没有充分考虑，而是统统将其纳入改建范围，导致财政资金的浪费，也必然进一步导致医疗卫生资源的闲置。

（二）新农合的财政资金投入带有一定盲目性

河南省新农合的推进速度在十大民生工程的支持下不断加快，财政补贴标准不断提高，然而财政资金的投入绩效值得商榷。一是在制度设计时没有充分考虑新农合的管理运营成本。财政对参合农民提供的补贴不断增加，但是并没有对新农合制度建立与管理的行政成本提供财政支持。实际运行中新农合的管理成本大，这个压力主要反映在县级财政上。一般人口规模的县（市），一年的新农合宣传、收费活动、建立机构等产生的费用，就需要100多万元。根据有关学者的现场调查测算，新农合的人均行政管理成本为3~5元。二是在财政资金积极支持新农合推广的同时，没有考虑健全新农合的内部缴费机制。由较为强劲的财政投入带来的可持续发展势头，在一定程度上掩盖了新农合制度上的缺陷。新农合内部的缴费机制不够健全，宏观上导致了各级财政人均补贴额太过随意，缺乏标准。这一方面形成了财政"断粮"隐患；另一方面带来了医疗机构对财政经费的大肆挥霍。此外，新农合的个人缴费也缺乏比例性的标准。

（三）医疗卫生项目与其他项目间的协调性差

2012年，河南省委、省政府将乡镇卫生院取暖工程列入十大民生工程工作范畴，决定从当年起用3年时间完成1995个乡镇卫生院供暖设施建设或供暖条件改造，解决农村群众冬季住院取暖问题。然而，乡镇卫生院供暖工程多采用燃煤锅炉，这明显与环保部门正在农村实施的蓝天工程、碧水工程相悖。另外，在村级卫生室建设中，省发改委在项目批复中要求 5 万元建设 80 平方米的村级卫生室。此项目的问题在于，一是多数地区用 5 万元根本建不成 80 平方米的村级卫生室；二是不符合卫生部要求的 "60 平方米、6 室分开" 的行业规定。可见，民生工程项目谁批谁管，不同项目归口不同的上级政府部门主管，项目与项目之间缺乏协调，甚至出现相互冲突的现象。

（四）医疗卫生建设项目资金配套过多

民生工程大部分项目需要市、县层层落实配套资金，有的项目需要地方配套的资金比例过大，甚至个别项目建设资金全部由地方来承担，这对财政状况较差的县（市、区）来说，超出了其承受能力，对地方经济的发展后劲造成了一定的影响。少数乡镇卫生院在配套资金未落实、项目总体资金缺口大的情况下，匆匆上马，项目建设到一半又因资金短缺而不得不停建。有的项目一建就是两年多，造成了大量人力、物力、财力的浪费。

（五）基本药物制度的实施效果差

从 2010 年开始，在国家政策的支持下，河南省逐步试点并推广了基本药物制度，然而其在农村医疗卫生机构的实施存在一定的负面效应。对医疗卫生机构来说，面临的首要困难是按照零差价销售基本药物后，药品收益会急剧下降，产生的巨大经费缺口，基层医疗机构运营将面临很大困难。按照医改方案，可通过增加财政补贴和提高医疗服务价格的方式弥补这一缺口，然而实践中这两个方法根本行不通，一是因为地方政府财政补贴能力有限；二是因为基层医疗机构原有收益70%以上来源于药品收益，即使所有医疗服务价格翻番，增加医疗服务收入也不足以弥补上述经费缺口。而通过增加医疗服务项目增加医疗服务收入的可能性也很小，因为在交通越来越便利的情况下，和专科医院及综合性医院相比，农村医疗卫生机构增加医疗服务项目的空间相当有限。

第三节　政策建议

结合河南省十大民生工程中提高公共医疗卫生服务水平的完成情况、实施效果以及河南省公共医疗卫生事业发展的需要，我们对以后河南省在实施十大民生工程过程中提高公共医疗卫生服务水平提出了以下建议。

一　明确各级政府对农村医疗卫生事业的职责

按照财权支出与事权对等准则，中央政府的主要卫生事权包括：公共卫生的提供、组织与管理，基本医疗服务的补助，基本医疗保险的补助，农村地区、落后地区的卫生经费补助，等等；省级政府的主要卫生事权包括：公共卫生和基本医疗服务的补助，地方性疾病和传染病防治，基本医疗保险的补助，基层医疗卫生服务体系建设，医学科技和人才队伍建设，等等；市、县级政府的主要卫生事权包括：公共卫生和基层医疗机构的人员经费、日常工作经费，对经济贫困群体进行医疗救助，等等。对农村医疗卫生机构尤其是乡镇卫生院的财政补助责任应按照"谁负责、谁承担"的原则予以落实，凡应由市级政府及其有关职能部门负责具体实施的项目，应由市级政府承担相应的经费；应由市、县级政府及其相关部门具体负责实施的项目，则应由当地政府承担相关的经费；需由市、县级政府共同实施的项目，应按照各自的职责共同承担相关的经费。各地经济社会发展的水平和财力情况还不很平衡，对农村医疗卫生机构发展方面的投入差距也比较大，因此，在农村医疗卫生机构的发展上，总的原则还是要结合当地的经济社会发展状况和财力来进行，但需要采取积极的措施来缩小这种差距，特别是在基本的医疗卫生保障方面，应使全市的农村居民享受到大体同等的保障水平。多年来，中央和省级财政通过一般性转移支付和专项转移支付，对欠发达地区予以了支持，有效地缓解了地区之间在农村卫生事业发展上的差距。同时，鉴于目前我国财权向上层集中，在许多公共卫生和基本医疗卫生服务的提供方面，应加大中央和省级财政的转移支付力度，省级财政对农村医疗卫生机构的转移支付力度也应该不断加大。

二　合理规划农村医疗卫生机构设置

当前，农村医疗卫生机构设置应在城镇化和农业现代化的背景下进行科学规划，要充分考虑供给和需求之间的平衡关系，而不能盲目地进行财政资金的支持。我国农村实行三级医疗卫生机构体系，其中县级医疗卫生机构的设置相对集中，效率高，可规划性不强。除此之外的乡镇卫生院和村卫生室则要合理规划、合理设置，避免医疗卫生资源的浪费。一是要分析本地区农村居民医疗服务需求、利用和影响因素，进行本地区医疗卫生服务调查，确定本地区居民医疗卫生服务需求及利用的各项数据。二是要在现状分析的基础上，找出本地区居民的主要健康问题，依据疾病顺位、死因顺位，分析主要影响因素。三是依据以上分析，根据本地区社会经济发展水平、地理条件、人口状况、农民医疗卫生服务需要，综合考虑支付能力、医疗服务可及性转化成服务需求的潜力，预测、规划医疗服务需求，确定所需要的医疗卫生机构规模及分布。此外，有条件的地方要积极鼓励社会资金设立非营利性医疗卫生机构。

三　加强对村级医疗卫生机构的财政补贴

村级医疗卫生机构处于农村三级医疗卫生服务网络的底层，对农村居民的疾病防治起着重要作用。但是，公共财政对村级医疗机构的投入非常有限，基层医疗机构主要依靠自身的收入维持运行。在新一轮的医疗改革中，各地对农村卫生工作支持的重点是乡镇卫生院，而对村级医疗机构的支持力度明显不足，村卫生室的运营比医改前更加艰难，尤其是药品零差价已经严重影响了村卫生室的生存。因此，应该加大公共财政对村级医疗卫生机构的投入，除了给予药品零差价补贴之外，更重要的是补贴村级医护人员的收入，以及村卫生室的日常运行费用。此外，鉴于地方财政的负担能力有限，中央财政和省级财政应该加大对药品零差价的补贴力度。建议县级以下医院的药品零差价主要由中央财政和省级财政负担，其中中央财政和省级财政负担90%，县级财政负担10%。

四　强化农村公共医疗卫生服务体系建设

农村公共医疗卫生服务体系建设是保障农民身体健康、促进农村经济和社会和谐发展的重要内容。尽管中共中央、国务院颁布了《关于进一步加强农村卫生工作决定》，河南省也通过十大民生工程对农村卫生工作进行了部署，农村卫生工作有了较大改善，但在公共医疗卫生方面仍有很多问题亟待解决。一是要完善农村公共医疗卫生服务的财政保障机制，增加政府投入。二是要完善农村医疗卫生管理体制，重塑三级预防保健网功能，发挥县级预防保健机构的"龙头"作用，强化乡镇卫生院的"枢纽"功能，推进村级医疗卫生机构的"网底"建设。

五　促进农村医疗卫生人才队伍建设

农村医疗卫生事业的发展，关键在于人才。农村医疗卫生服务人员的培养要以农村医疗卫生服务改革目标和居民医疗卫生服务需求为指导原则。根据河南省农村医疗卫生人员素质低、人才匮乏的现状，建议做好以下三个方面的工作。一是对于村医提供的公共卫生服务，实行中央政府全包政策，落实村民公共医疗卫生服务政府购买制度；对于村医提供的基本医疗服务，可实行市场化运作，在政府财力允许的情况下，也可对基本医疗服务实行全包政策，根据村医的实际工作量，对其发放绩效工资。二是切实解决村医的养老保险等社会福利问题，对村医实行聘任制、工资制、退休制，让村医没有后顾之忧，并有效控制非法行医、乱收费、乱用药等行为。三是在农村医疗卫生人才队伍建设"51111"工程结束后，进一步采取在岗培训、离岗进修、函授学习等多种形式，提高现有人员的业务素质和工作能力。同时，制定各项优惠措施，不断引进高学历、高职称人才，从而建立高素质的乡村医生队伍，提高服务质量。

（执笔：文小才　李　娜）

第六章　文化惠民工程

背景资料

2006 年

河南省承诺："实施居民 20 户以上的自然村广播电视'村村通'工程，切实解决边远地区农民看电视、听广播难的问题。建设好 2 万个村的党员远程教育工程。建成覆盖全省的农村信息网。"

2007 年

为了繁荣农村文化事业，河南省承诺："筹措资金 1 亿元，在 3600 个 20 户以上已通电自然村实施广播电视'村村通'工程，在偃师、安阳、孟州、淅川、渑池 5 个试点县（市）实施文化信息资源共享工程，在 5000 个行政村实施农村电影放映工程，为 100 个文艺表演团体配备文化下乡流动舞台。"

2008 年

河南省承诺："筹措资金在 3911 个 20 户以上已通电自然

村实施广播电视村村通工程。""加快推进农村电影放映工程，使60%的行政村实现一村一月放映一场公益性电影。开展'百部流动舞台千场演出送农民'活动。完成46个县（市）8600个行政村文化信息资源共享工程。扩建改造72个乡镇综合文化站。"

2009 年

河南省承诺："积极筹措资金，再实施3354个20户以上已通电自然村广播电视'村村通'工程，完成600个乡镇综合文化站扩建改造，建成50个达到国家标准的文化信息共享工程县级支中心、19000个村级基层点，建成4000个农家书屋。开展千场舞台艺术送农民活动，为全省所有乡镇免费送一场演出。继续实施农村电影放映工程，为全省所有行政村每月公益性放映一场电影。"

2010 年

河南省承诺：（1）建成400个乡镇文化站、5200个农家书屋，确保完成20户以上新通电的自然村和返盲村广播电视"村村通"工程建设。（2）建成58个国家标准的文化信息共享工程县级支中心、19648个村级服务点。（3）除文物建筑及遗址类博物馆外，各级文化文物部门归口管理的公共博物馆、纪念馆，以及全国爱国主义教育示范基地，全部向社会免费开放。（4）继续实施舞台艺术送农民活动和农村电影放映工程，全年为全省所有乡镇免费送一场演出，每月为每个行政村放映一场公益性电影。（5）发行"文化河南·壮美中原"旅游联合年票，面向全国发行 100 亿元的旅游消费年券。

2011 年

河南省承诺：（1）建成 14923 个农家书屋。（2）推进全省美术馆、公共图书馆和文化馆（站）免费开放，所提供基本服务项目全部免费。继续推进各级文化文物部门归口管理的公共博物馆、纪念馆免费开放。（3）继续实施舞台艺术送农民活动和农村电影放映工程，为全省所有乡镇免费送一场演出，每月为每个行政村放映一场公益性电影。（4）"组织实施科普惠农兴村专项行动计划，对一批有突出贡献、较强区域示范作用、辐射性较强的农村专业技术协会、科普示范基地、农村科普带头人等先进集体和个人，开展科普惠农活动补助和奖励。"（5）"继续实施好百村万户旅游富民工程。在全省范围内扶持 128 个特色旅游村和 10000 户农家乐乡村旅游，重点抓好旅游公共服务设施建设和人员培训，促进农民增收、农村致富。"

2012 年

河南省承诺：（1）继续实施舞台艺术送农民活动和农村电影放映工程，为全省所有乡镇免费送一场演出，每月为每个行政村放映一场公益性电影。（2）免费开放图书馆、群艺馆（文化馆）、博物馆、纪念馆、美术馆、乡镇综合文化站等公益性文化设施。建成 14735 个农家书屋，基本实现全省行政村全覆盖。（3）实施 13547 个 20 户以上已通电自然村的广播电视"村村通"工程。

2013 年

河南省承诺：（1）持续开展舞台艺术送农民活动，全年为全省每个乡镇免费送一场演出。（2）继续实施公共图书馆、文化馆、博物馆、美术馆、乡镇综合文化站等公益性文化设施免费开放政策。（3）继续实施广播电视"村村通"工程，完成 6530 个 20 户以下自然村、4462 个国有林区（场）农户广播电视无线覆盖和 16 座高山无线发射台站基础设施建设任务。（4）加强农村公共文化建设，对每个行政村实施的农村文化信息共享工程、农家书屋工程、农村电影放映工程和开展的农村体育活动等进行补助，丰富广大农民的文化生活。

2014 年

河南省承诺：（1）继续开展舞台艺术送农民活动，全年为全省每个乡镇免费送一场演出。（2）继续实行省、市、县各级美术馆、公共图书馆、文化馆、博物馆和乡镇综合文化站等公益性文化设施免费开放。（3）加强农村公共文化建设，对每个行政村的农村文化信息共享工程、农家书屋工程、农村电影放映工程和开展的农村体育活动等进行补助，丰富广大农民的文化生活。

第一节　实施情况

2006 年的举措如下：一是农村广播电视"村村通"工程

全面完成。全省共投入建设补助资金 1131 万元，使边远地区 1131 个 20 户以上已通电自然村通上了 4 套以上广播和 8 套以上电视节目，解决了 38 万户农民群众听广播、看电视难的问题。二是党员远程教育工程超额完成年度计划。全省开通终端接收站点 20035 个，为年度目标任务的 100.18%。从总体的情况看，省、市、县三级远程教育终端站点运行状况良好。漯河市为发挥党员远程教育工程的作用，统一制定了远程教育信息接收、设备管理和学习制度，统一宣传版面，统一定制标牌，统一印制"一册三簿"，促进了站点管理的科学化、规范化。三是农村信息网基本建成。全省"村村通"电话工程建设全部完成，光缆已覆盖全省所有的市、县、乡和 65% 以上的行政村，新建农村综合接入网节点 4100 个，建成各类农村信息服务站 1600 个。固定电话网、ATM 网、数字数据网、分组交换网、宽带 IP 网等各种信息网站遍布全省城乡。驻马店市农村信息网成为豫南地区颇具活力的农业网站之一，在全国地方农业网站中的排名已进入前 30 位。

2007 年的举措如下：一是 5 个文化信息资源共享试点县（市）均已建立县级中心平台，乡、村服务点已达到建设要求。在此基础上，河南省把文化信息资源共享工程与河南省的农村党员远程教育工程结合起来，做到了共建共享，覆盖了超过 6000 万人口的广大农村地区。二是在 36 个县（市、区）的 7561 个行政村实施农村电影放映工程，实现了"一村一月放映一场公益性电影"的目标。试点地区已放映电影

10 万场，惠及观众 5000 多万人次。三是为 100 个文艺表演团体配备 100 辆文化下乡流动舞台车。繁荣农村文化事业的实事，有效地缓解了农民"看戏难、看电影难、看书难"的问题，满足了群众"求知、求富、求乐"的愿望，受到了群众的真心拥护和热烈欢迎。

2008 年的举措如下：（1）在广播电视"村村通"方面，河南省筹措资金 3911 万元，完成了 3911 个 20 户以上已通电自然村的广播电视"村村通"工程。（2）在农村文化建设方面，全省所有省辖市都成立了农村数字电影院线公司，实现了所有行政村"一村一月放映一场公益性电影"的目标，受益村数超过承诺数的 40%；完成了"百部流动舞台千场演出送农民"演出任务；筹措资金 7980.4 万元，完成了信息资源共享工程的 46 个县级支中心建设工作，以及 8885 个村级服务网点的政府采购招标工作；投资 1968 万元，圆满完成了72 个乡镇综合文化站的扩建改造工程。

2009 年的举措如下：（1）在广播电视"村村通"方面，全省共投入资金 5891 万元，完成了 3834 个 20 户以上已通电自然村的广播电视"村村通"工程，占目标任务的 114.3%，近 60 万当地农民群众收看到了 8 套以上电视节目、收听到了4 套以上广播节目。（2）在乡镇综合文化站建设方面，全省累计投入资金 1.8 亿元，分两批建设了 719 个乡镇综合文化站，目前已完成 600 个乡镇综合文化站的建设任务。（3）在文化信息共享工程建设方面，全省累计投资 1.39 亿元，完成了50个县级支中心、19000个村级基层点的升级改造任务。（4）在开展千场舞台艺术送农民活动方面，全省共投入财政资金825.8万元，组织演出2136场，实现了每乡每年推出一场公益演出。（5）在农村电影放映工程实施方面，全省共投入农村电影放映补贴资金5089.3万元，放映农村公益电影57.04万场，累计有1.32亿人次免费观赏了故事片、科教片和戏曲片等优秀电影。（6）在农家书屋建设方面，按照每个农家书屋配备图书1200种1500册、报刊25种、音像电子出版物100种的标准，全省已下拨中央及省级资金5400万元，建设了5200个农家书屋。

2010年的举措如下：综合文化站覆盖全部乡镇，建成农家书屋5200个。为1万多个村建立了农家书屋，为农民免费放映电影57万多场、送演出2107场，新增1840个村通电视、广播。博物馆纪念馆免费开放，重点文物单位和大遗址抢救保护力度加大。

2011年的举措如下：累计投入资金7.6亿元（其中财政资金7.51亿元，占年初预算的142.4%），农村公益性电影放映完成年度目标任务的100.6%，"舞台艺术送农民""农家书屋""免费开放公共博物馆、纪念馆""科普惠农兴村专项行动计划""百村万户旅游富民工程""免费开放美术馆、公共图书馆、文化馆（站）"等工作如期完成。

2012年的举措如下：按每个行政村每年1万元设立农村文化建设专项资金。支持推进公共文化设施免费开放，继续实施重点文化惠民工程，改善城市社区公共文化服务设施条件。

2013 年的举措如下：（1）在文化下乡方面，持续开展舞台艺术送农民活动，全年共组织免费演出 3356 场，其中，省直专业院团演出 1272 场，市、县级专业院团和优秀民营院团演出 2084 场，受益观众将近 800 万人次，超额完成了年度目标任务。（2）在公益性文化设施免费开放方面，全省 139 个免费开放博物馆、纪念馆举办陈列展览 1000 余次，接待观众 4500 多万人次。6 个美术馆、145 个公共图书馆（其中县级图书馆 126 个）、157 个县级文化馆、1915 个乡镇综合文化站免费开放，全年接待 4360 万人次。（3）在广播电视"村村通"方面，全省落实工程项目总投资 7135.36 万元（其中申请国家补助资金 2000 万元，省级补助资金 2835.18 万元，市、县级配套资金 2300.18 万元），按计划全部完成了 6530个 20 户以下已通电自然村广播电视"村村通"工程建设；4462 个国有林区（场）农户广播电视覆盖项目和 16 个高山无线发射台站基础设施建设项目的年度工作任务也已完成。（4）在农村公共文化建设方面，实施农村文化信息共享工程，已建成 1 个省级分中心、15 个市级支中心、159 个县级支中心、1795 个乡镇基层服务点、245 个街道文化中心、1151 个社区基层服务点和 47533 个村级基层服务点，形成了省、市、县、乡、村五级公共文化网络体系。建成了 1950 个公共阅览室（其中街道 149 个、社区 796 个、乡镇 1005 个）。

安排农村电影公益放映补贴专项资金1.14亿元，完成公益电影放映58.9万场，占全年电影公益放映计划的103.66%，实现了"一村一月放映一场公益性电影"的目标任务。

第二节 政策分析

一 主要成效

河南省围绕文化惠民工程建设总体目标，根据省委、省政府实施民生工程的部署要求，大力推进公共文化服务建设，加快建设覆盖全省的公共文化服务体系，取得了显著的成绩。

第一，公共文化服务网络初步构建。截至2013年底，全省共有艺术表演场馆125个、群众艺术馆19个、文化馆186个、文化站2322个，2013年全省共举办展览8529场，组织文艺活动41440次，举办培训班19783次，组建群众业余文艺团体24308个；公共图书馆157个，总藏书量2218万册，2013年外借人次达968.1万人次，外借图书1785.2万册次，为读者举办活动4067次，惠及144.7万人次；博物馆222个，藏品达91.48万件，展览477次，接待观众4181万人次。

第二，广大民众获得了实惠。全省美术馆、公共图书馆、文化馆、博物馆和乡镇综合文化站等公益性文化设施实现免费开放；另外，全省对每个行政村的农村文化信息共享工程、农家书屋工程、农村电影放映工程、农村体育活动等进行补助，这些都使得广大民众获得了实惠。

第三，加强了公共文化人才培养力度。一是对基层公共文化工作者进行培训，提高了基层公共文化管理者的素质和技能。二是积极推动了公共文化服务志愿队伍建设。通过文化大院、文化广场建设广泛开展文艺演出、文化艺术知识普及等文化活动。例如，"河南公益无限系列文化活动"已经举行300场，其每周一场固定免费演出，自2011年7月推出以来，受益群众已达46万人次。2013年，该活动被文化部表彰为"全国文化志愿者示范项目"。在该活动中，省群众艺术馆成立了馆办示范性团队——河南公益无限艺术团，中国剧协副主席、京剧表演艺术家刘长瑜担任总顾问，河南省著名表演艺术家王素君、胡希华、魏俊英、杨帅学、袁国营等文化艺术工作者任团员。历经3年多的发展，该艺术团已成为拥有素雅青年豫剧团、郑州雅韵京剧团、枫叶民族乐团、老兵艺术团、星光杂技团、梨苑明星艺术团、老干部豫剧团等11支演出活动团队、390多名注册文化志愿者的文化志愿团队。这支队伍除了每周四晚在省群艺馆小剧场为观众献上演出外，还将活动地点拓展到乡村、军营、社区、矿山、学校、工地等。王素君荣获"最受群众欢迎的爱心艺术家"称号，宋海云等文化志愿者获首批"十佳文化志愿者"称号，河南公益无限艺术团素雅青年豫剧团等获"十佳河南文化志愿服务活动示范团队"称号。

第四，促进了城乡公共文化服务均等化。文化信息资源共享工程、广播电视"村村通"工程、农村电影放映工程、农家书屋工程等一大批重大文化工程的实施，推动了农村公共文化服务的发展，促进了城乡公共文化服务均等化。加强公共文化服务是实现人民基本文化权益的主要途径，《中共中央关于全面深化改革若干重大问题的决定》明确指出："统筹服务设施网络建设，促进基本公共文化服务标准化、均等化。"为了消弭城乡公共文化服务资源分散，河南省以文化综合体建设工程、文化信息资源共享工程、乡镇综合文化站和村（社区）文化室建设等基础惠民工程为抓手，加大投入，巩固了公共文化服务的主要载体和阵地。2013 年以来，全省共投入资金 2.3 亿余元，用于 4730 个乡镇综合文化站和城市社区文化中心（文化活动室）建设，基层服务点的 IPTV 模式被文化部在全国推广，并在年内启动了 60 个文化综合体建设。

第五，凝聚了民心民力，促进了社会和谐。文化惠民工程发挥了教育民众、引导社会的作用，其用积极、健康的精神文化产品为人们提供服务，使民众的精神文化生活更加丰富、社会风气进一步改善，促进了人际关系和睦和社会关系和谐，让优秀且健康的文化引导人们之间情感的交流，形成了人心思进、人心思齐、人心思稳的良好氛围。文化惠民工程的实施有利于逐步形成良性运行的社会秩序，使各种利益要求逐步有条不紊地进入良性循环的轨道，缓解社会矛盾，从而间接地化解一大批不安定因素。

二 存在的问题

(一) 投入总量不足

总体投入逐年增加,但相比于广大民众的需求仍显不足,并且投入以政府为主,没能有效地调动社会各级各类组织的积极性。2005～2014年,公共文化服务建设得到了省、市、县、乡各级政府的重视,实现了较快发展,但与教育、科技等的投入相比仍显不足,且投入的重点在文化设施、文化场所的硬件建设上,对配套设备维护、文化服务活动举办的投入不足。另外,公共文化服务来自社会其他组织和个人的赞助和捐赠极少。

(二) 公共文化服务设施供给水平在不同区域间仍存在较大差距

发达地区大部分社区普遍建立了文化活动中心,并设有图书室、阅览室、棋牌室、健身房等场所,但在城市的老城区和欠发达地区的城区与农村,无论是硬件设施还是软件的配置,都较为简单,尤其是一些农村的文化活动场所硬件设施简陋,存在安全隐患。

(三) 公共文化服务设施管理重建设、轻管理

调查发现,建成的公共文化设施存在建而不用或挪作他用问题,导致文化设施没有发挥应有的作用,这种现象在农村尤为突出。同时,公共文化设施管理员身兼数职,缺乏专业知识,在时间和精力上无法保证管理到位;公共文化设

建成运行维护工作未能有效开展，以至于影响服务质量；农村相当数量的文化设施开放时间不规律，甚至长期闲置，成为应付上级检查评比的工具，基层公共文化设施管理缺位。

（四）公共文化服务内容和形式单一，群众参与度较低

文化惠民工程提供的公共文化服务内容、形式单一，随着时间的推移，广大群众的参与率有所降低。例如，农家书屋工程、文化信息资源共享工程，由于农村大部分年轻人外出打工，而留守儿童和老人的需求又不大，项目很难发挥作用。尤其是农家书屋购买图书以省配送为主，书籍的内容与阅读对象往往不能很好地匹配。总而言之，政府提供的公共文化服务内容和形式单一，还不能够有效地满足广大群众的文化需求，造成群众参与度较低。

（五）文化惠民工程项目存在资源浪费现象

文化惠民工程项目建设存在多头管理、条块分割，公共财政资金投向难以集中，使多渠道、低水平重复建设现象普遍，造成资源浪费。如图书馆、文化广场、文化馆等文化资源无法共享，为数不少的图书馆、文化馆处于空壳化状态。

第三节　政策建议

一　构建以政府为主的多元化资金保障体系

第一，加强政府资金的基本保障作用。公共文化产品及

服务具有基础性和先导性，是实现社会文化发展和繁荣的重要组成部分，政府购买、专项补贴及财政优惠等为公共文化产品供给提供了充足的资金。同时，政府要提高资金使用效率，整合各类公共文化资源，避免浪费，使公共文化资源在不同区域间得到有序、合理、科学的分配。

第二，鼓励社会资金投入文化惠民工程建设。因为公共文化产品的需求在数量上和内容上日趋多样化，所以政府很难满足所有需求。基于此，在政府主导公共文化产品供给的同时，应为企业、非政府组织、个人、境外资金等社会资金对社区公共文化产品的投入创造条件，形成多元化的公共文化产品供给资金来源。

二　建立"自上而下"与"自下而上"相结合的供给决策机制

政府"自上而下"公共文化产品供给的前期投入比较大，但形成系统之后，就能产生规模效应。但是公共文化产品的供给决策是真实的社区居民意愿与需求的反映，只有重视不同主体的需求，特别是重视特殊群体对公共文化产品的需求，保障供给决策与群众需求的一致、决策执行效果与决策目标的一致，才能实现公共文化资源的科学合理分配。因此，还要建立"自下而上"的公共文化产品供给决策机制。总之，只有建立"自上而下"与"自下而上"相结合的供给决策机制，文化惠民工程才有可能取得实效。

三　建立文化惠民工程问责与社会监督管理机制

文化产品的准公共性和外部性决定了政府提供公共文化产品的职能，现实中，公共文化产品的生产、供给、经营维护等一系列环节由政府全权负责。因此，受益方应该对公共文化产品的供给进行监督管理，但现实政府"自己管自己"，这种监督管理的缺失，也必然造成资源配置的浪费、资源利用效率低，甚至无效率。社会性监督可借助公众的舆论压力，弥补制度性监督的不足，同时，建立问责机制，对文化惠民工程的实施进行责任考察和绩效评估，实现对政府行为的有效约束、规范和激励。

四　建设群众性的基层文艺队伍

公共文化产品的有效供给，不仅仅需要专职艺术队伍。基层可以根据经济发展水平、传统文化、习俗等因素组建具有特色的基层艺术队伍，这是基层民众自我供给公共文化产品的主要形式。在帮助组建基层民众自愿参与的各种业余兴趣小组、业余表演团体的同时，政府应出台相应扶持办法，搭建交流平台，实现基层公共文化产品的自我创造和自我发展。不仅满足民众公共文化需求的多样性，而且提高群众的参与度，让群众在公共文化建设中发挥主体作用。

五　优化农村文化惠民工程基础设施空间布局

根据新农村建设和城乡一体化的要求，为杜绝重复建设、低水平建设，避免资源浪费，农村公共文化基础设施应形成以乡镇为中心、以村为重点、结构优化、分级配置的合理空间布局。河南省农村各地情况不同，文化惠民工程项目建设应该从实际出发，县城所在地的县级公共文化服务设施和人口相对集中的乡镇级公共文化服务设施建设应该统一规划，形成门类较为齐全的农村公共文化设施网络。县有文化馆、图书馆，有条件的县还可配置美术馆、表演场馆、电影院、博物馆或纪念馆、文化宫、青少年活动中心等，乡镇有综合文化站，村有文化活动室（广场），形成县、乡、村三级网络。

六　加强农村基层文化基础设施管理，提高服务水平

充分发挥县级图书馆对乡镇、村图书室的辐射作用，促进县、乡镇图书文献资源整合共享。应该充分利用网络不受时间、空间限制的明显优势，大力促进数字和网络技术在农村公共文化服务领域的应用，努力建设数字广播电视信息平台、数字电影放映网络系统、网上图书馆、网上博物馆、网上剧场和群众文化活动远程指导网络。充分发挥农村中小学校在开展农村文化活动方面的重要作用，提倡中小学文化设施在课余时间向附近的群众开放。

七　重视农村选题的文艺作品创作，加大"三农"读物出版采购工作力度

把农村题材的作品通过歌曲、影视、戏剧、舞蹈、文学

及新闻等多种形式，直接送到农村，供农村群众欣赏。采取政府采购、补贴等方式资助具有鲜明地方特色、高水平的文化精品出版。采购农民看得懂、用得上的音像制品和图书等各类出版物。

（执笔：李　理）

第七章 农民增收

背景资料

2005 年

河南省承诺:"解决好农业税全免问题,把这一减轻农民负担 29 亿元的惠农政策落到实处。同时,继续对种粮农民给予 12 亿元的直接补贴,对购置大型农机具的农民补贴 3000 万元,落实小麦良种补贴 3 亿元。"

落实情况:从督查的情况看,"一免三补"的惠农政策得到了很好的贯彻落实。一是全省实际免征农业税 29.1778 亿元。各地都已将农业税征收票据进行了收缴封存;没有发现清收农民以往欠税的情况,也没有发现再搞"一事一议"的情况;在免征农业税的同时,各地还设立了村级经费和建立了农村五保户供养保障机制。二是全省共发放种粮农民直接补贴 11.8705 亿元;督查组在进村入户调查中了解到,通知书和存折均发放到户,未发现用补贴款抵扣其他款项和债务的情况。三是全省共发放农机具购置补贴 4632.9 万元,补贴程序公开、透明。四是共发放"小麦良种补贴券"3.03亿元，且兑现工作基本结束。

2006 年

河南省承诺：粮食直补和农资综合直补 25.74 亿元；优质小麦良种补贴 3 亿元，玉米良种补贴 2500 万元；农机具购置补贴 4300 万元；劳动力转移培训补贴 2.92 亿元；扶贫资金发放 5000 万元；测土配方施肥补贴 3600 万元。

落实情况：从督查情况看，一是粮食直补和农资综合直补工作截至 5 月底，共兑现资金 25.74 亿元，为历年最多。二是全省优质小麦良种推广补贴面积 3000 万亩，补贴资金 3 亿元，全部落实到位。三是专用玉米良种补贴款 2500 万元，全部发放到农民手中。四是大型农机具购置补贴 4300 万元，已全部兑现到位，补贴农机具 6066 台（套）。五是全省农村劳动力转移培训共支出 2.92 亿元。其中，阳光工程培训 25 万人次，发放培训券 8400 万元；劳务输出培训 66 万人次，投入资金 1.58 亿元；扶贫培训 20.7 万人次，投入扶贫资金 5000 万元。六是测土配方施肥补贴资金 3600 万元，推广面积达 2193 万亩，203 万农户从中受益。七是村级经费和村干部报酬 11.4514 亿元全部拨付到了乡镇，保证了村级组织正常运转。

2007 年

河南省承诺："积极筹措资金，继续实施对种粮农民直接补贴、农业生产资料综合直补、优质专用小麦良种补贴、专用玉米良种补贴、农村劳动力转移培训补贴、测土配方施肥补贴、农机具购置补贴，确保补贴金额高于上年。"

落实情况：根据综合自查、抽查和重点督查的情况，截至 2007 年 6 月底，全省实际兑现粮食直补和农资综合直补 39.51 亿元，比上年增加 13.77 亿元。玉米良种补贴资金 2500 万元和优质专用小麦良种补贴资金 3 亿元全部落实到位，补贴金额与上年持平。劳动力转移培训补贴券 1.23 亿元已全部发放到位。落实测土配方施肥补贴资金 5950 万元，推广面积达 4852 万亩，受益农户 962 万户，不仅使平均每亩节本增效 47.9 元、实现总效益 14.7 亿元，而且避免或减轻了因施肥不科学带来的浪费和环境污染。中央和河南省各级财政投入农机具购置补贴资金共 1.2 亿元，比上年增加 7700 万元。补贴政策的实施进一步提高了农业综合生产能力和机械化水平。全省水稻机械化程度提高了 57%；玉料秸秆还田面积占到了种植面积的 60%。

2008 年

河南省承诺：多方筹措资金，继续实施好对种粮农民直接补贴，较大幅度增加农业生产资料综合直补，确保补贴资金落实到位；多方筹措资金，继续实施好优质专用小麦良种补贴、专用玉米良种补贴、棉花良种补贴、油菜良种补贴、农村劳动力转移培训补贴、测土配方施肥补贴，确保补贴资金落实到位；多方筹措资金，较大幅度增加农机具购置补贴，确保补贴资金落实到位；落实好奶牛和生猪生产扶持政策；

积极开展"家电下乡"试点工作，对农民购买国家规定品牌和型号的彩电、冰箱、手机，按销售价格给予13%的直接补贴。

落实情况：综合两办督查及各地各单位自查的情况，全省共兑现粮食直补和农资综合直补资金77.8亿元，比上年增加38.29亿元，补贴资金为历年最多。补贴的到位，进一步调动了种粮农民的积极性，促进了农民增收和粮食增产。

对6779.5803万亩优质专用小麦良种和220.4197万亩专用玉米良种实施了补贴，发放补贴资金7亿元，补贴金额为上年的215.4%。发放棉花良种补贴资金8890.4万元，落实补贴面积592.69万亩。发放油菜良种补贴资金3000万元，落实补贴面积300万亩。筹措劳动力转移培训资金1.35亿元，实现转移就业24.8万人。推广测土配方施肥面积6795万亩，受益农户755万户，实现增产151.1万吨、节本增收29.27亿元。项目的实施有效调动和保护了农民的种粮积极性，全省粮食作物播种面积稳中有升，品质结构得到了优化，粮食单产水平不断提高。共投入资金2.3亿元，补贴农机具35798台（套），受益农户30123户。所有补贴资金较上年增加90%，补贴种类由6大类20种增加到9大类33种，补贴标准由上年的20%左右提高到30%，补贴范围扩大到了所有农业县域。

全省销售"家电下乡"产品160万台（部），其中"家电下乡"信息管理系统录入销售96万台（部），申报补贴

80.7万台（部），发放补贴资金1.3亿元，使70万农户得到了实惠。"家电下乡"试点工作的开展，加速了农村家用电器的普及，拉动了农村消费市场的增长，农村居民电冰箱和彩电拥有率分别较上年提高了3.03%和3.02%。

2009年

河南省承诺：建立稻谷、大豆、油菜籽、棉花临时收储机制；实行粮食最低价收购；发放粮食直补和农资综合直补，小麦、玉米、水稻、棉花良种补贴，农机具购置补贴，以及退耕还林补助；扩展"家电下乡"试点；开展水稻、棉花政策性保险试点；加大扶贫力度，完成南水北调库区移民安置试点工作。

落实情况：河南省确定的5家委托油脂加工企业、13个委托收购点和16家委托加工企业，共收购油菜籽5.05亿斤。全省共按最低价收购小麦436亿斤，平均收购价每斤0.91元，比上年同期增加0.11元。全省供销系统共收购棉花23.37万吨，累计投入资金29.77亿元。

全省共投入资金78亿元，亩均粮食直补和农资综合直补82.14元，受益农户达1926万户。按照每亩补贴10元的标准，共落实小麦良种补贴面积8853.39万亩、良种补贴资金88533.9万元。按照每亩补贴10元的标准，共落实玉米良种补贴面积6328.94万亩、良种补贴资金63289.4万元。按照每亩补贴15元的标准，共落实水稻良种补贴面积960.595万亩、良种补贴资金14408.925万元。按照每亩补贴15元的标准，共落实棉花良种补贴面积 620 万亩、良种补贴资金 9300 万元。全省共投入资金 9.25 亿元，补贴农机具 117027 台（套），直接受益农户 101683 户。所有补贴资金较上年增加 283%，补贴种类由 9 大类 33 种增加到 12 大类 84 种。另外，全省共投入退耕还林补助资金 6.45 亿元，已补贴面积 319.06 万亩，涉及农户 110.1 万户。

全省共销售"家电下乡"产品 488 万台（件），实现销售额 84.2 亿元，分别完成目标任务的 244% 和 211%。洗衣机纳入了"家电下乡"补贴品种。

全省 44 个扶贫工作重点县农民年人均纯收入较上年增加 350 元左右，增幅超过全省平均水平；完成了 1464 个贫困村整村脱贫推进任务，占目标任务的 104.6%；解决了 110 万农村贫困人口的脱贫和温饱问题。累计完成投资 10.2 亿元，建设移民新村 12 个，建房 2536 户（套），修建道路 19.7 公里、主支供排水管道 105.7 公里、主支街道 39.1 公里、高低压线路 104 公里，共搬迁安置库区试点移民 2606 户 10822 人，圆满完成了年终搬迁任务。

2010 年

河南省承诺：落实国家粮油收购政策；粮食直补和农资综合直补；发放小麦、玉米、水稻、棉花、油菜、花生等农作物良种补贴，农机具购置补贴，以及退耕还林补贴；开展万名科技人员包万村行动计划；继承实施"家电下乡"政策；加大扶贫开发力度；实施农村劳动力技能培训、阳光工程、"雨露计划"。

落实情况：2010 年白小麦最低收购价为 0.9 元/斤，红小麦、混合麦最低收购价为 0.86 元/斤。按最低价收购小麦期间，全省累计收购小麦 390.9 亿斤，其中按最低收购价收购 334.1 亿斤，其他市场主体收购 56.8 亿斤。全省平均收购价为 0.937 元/斤，较上年提高 0.034 元/斤，其他市场主体收购价 0.984 元/斤，较上年提高 0.07 元/斤。稻谷因市场价一直高于最低收购价，未开展按最低价收购工作。

全省实际向农民兑现粮食直补和农资综合直补资金 78.03 亿元，其中粮食直补 14.66 亿元、农资综合直补 63.37 亿元，共有 1930 万农户领到补贴资金，亩均补贴 82.16 元，补贴资金量与上年持平。共对小麦、玉米、水稻、棉花、油菜、花生 6 种农作物实施了良种补贴，兑现补贴资金约 18.4 亿元。其中，小麦、玉米、水稻、棉花良种补贴实行全覆盖，共落实补贴资金 17.28 亿元；油菜良种补贴在信阳市实施，共落实补贴资金 2633.2 万元；花生良种补贴进行试点，共落实补贴资金 8524.6 万元。全省共投入农机具购置补贴资金 9.6 亿元，落实补贴农机具 13.44 万台（套），直接受益农户 99472 户。全省共投入财政资金 5.99 亿元，对 129.1 万户农户发放了退耕还林补贴资金。

全省共组织 13155 名农业科技人员分包全省 4.8 万个行政村，开展粮食生产科技服务工作。全年科技人员累计入户指导 98.7 万人次，指导农户 473 万户，开展培训 5035 场，培训科技人员 23.9 万人次、农民 2786.4 万人次，发放"技术明白卡" 3350 万张。

河南省在已有 9 大类补贴产品的基础上，将电动自行车纳入"家电下乡"补贴范围，全年共销售"家电下乡"产品 995.9 万台（件），占全年目标任务的 332%；实现销售额 219.5 亿元，占全年目标任务的 366%。全省共销售汽车、摩托车等下乡车辆 78.72 万辆，实现销售额 160 亿元，发放补贴资金 17.85 亿元；办理汽车以旧换新 20705 辆，发放补贴资金 2.89 亿元，带动新车消费 21.29 亿元。

中央和省级财政共投入资金 3 亿元，完成农村劳动力技能培训 62 万人次，占目标任务的 103.3%。全省共投入中央和省级财政资金 1.332 亿元，完成了 27 万农村劳动力的转移就业培训。全省 243 个"雨露计划"培训基地共培训贫困农民 20.08 万人，占全年目标任务的 100.4%；转移就业贫困农民 18.72 万人，占全年目标任务的 106%。

2011 年

全省"雨露计划"完成目标任务的 103%，农村劳动力技能培训完成目标任务的 102%，阳光工程完成目标任务的 100.2%。

2012 年

河南省重点解决农村转移劳动力就业问题，确保全省全年新增农村劳动力转移就业 100 万人，重点实施农村劳动力技能培训、"雨露计划"、阳光工程。

2013 年

河南省重点实施农村劳动力转移就业培训、失业人员就业技能培训等十项计划，全年完成各类职业技能培训 381.08 万人次，超出原定目标 81.08 万人次；新增农村劳动力转移就业 90 万人，完成年度目标任务的 112.5%。农村劳动力转移就业累计 2660 万人，其中省内转移 1523 万人，占 57.26%；省外转移 1137 万人，占 42.74%。

2014 年

全省新增农村劳动力转移就业 80 万人，重点实施农村劳动力转移就业培训、"雨露计划"、阳光工程等项目，完成各类职业技能培训 300 万人次。

第一节　实施情况

根据历年十大民生工程的实施内容，经过认真梳理，我们把十大民生工程实施以来有关农民增收的政策归纳为以下六个方面：（1）粮食直补和农资综合直补；（2）良种补贴；（3）农机具购置补贴；（4）测土配方施肥补贴；（5）农村劳动力培训；（6）"家电下乡"补贴。针对以上归纳的六个方面，为了取得更为详细和真实的调查数据，我们不仅走访了河南省省级层面相关政策实施单位，而且分别选取河南省内有代表性的省辖市、县乡以及村庄，采用随机抽样调查方式，选取 30 户农户进行入户调查，以此进行政策实施效果评价。

一 粮食直补和农资综合直补

粮食直补是为进一步促进粮食生产、保护粮食综合生产能力、调动农民种粮积极性和增加农民收入，由国家财政按一定的补贴标准和粮食实际种植面积，对农户直接给予的补贴。

农资综合直补是指政府对农民购买的农业生产资料（包括化肥、柴油、种子、农机）给予的一种直接补贴。在综合考虑影响农民种粮成本、收益等变化因素的情况下，农资综合直补可保证农民种粮收益的相对稳定，促进国家粮食安全。其资金来源于粮食风险基金，通过粮食风险基金专户下拨。

2005～2010年，河南省每年都提到粮食直补和农资综合直补，这也是十大民生工程促进农民增收政策中实施密集度最高的政策。2005年，河南省两种补贴共发放12亿元；2006年河南省两种补贴共发放25.74亿元；2007年为39.51亿元；2008年为77.8亿元；2009年在粮食最低收购价每斤平均提高0.11元的情况下，两种补贴共发放78亿元；2010年超过78亿元，亩均补贴达82.16元；2011年后，十大民生工程虽然没有再提到这两种补贴，但是据我们对河南省财政厅以及基层农户的调研情况，两种补贴不仅每年仍然都在发放，而且补贴金额不断增加。

目前两种补贴发放的实施方式为由财政直接把补贴款通过银行打到承包耕地农户的储蓄卡上，河南省具体的打款时间，夏粮为每年的 4~5 月，秋粮为每年的 10~11 月。补贴款直接打到农户的"一卡通"上，可以避免财政补贴资金在层层下拨过程中可能出现的资金截留问题，减少因此产生的各种社会矛盾。

二 良种补贴

良种补贴的目的是支持农民积极使用优良作物种子，提高良种覆盖率，增加主要农产品特别是粮食的产量，改善产品品质，推进农业区域化布局。

河南省 2005~2010 年每年都涉及良种补贴。2005 年，发放小麦良种补贴 3.03 亿元；从 2006 年开始，除发放小麦良种补贴 3 亿元外，增加玉米良种补贴 2500 万元；2007 年，发放小麦良种补贴 3 亿元、玉米良种补贴 2500 万元；2008 年，在小麦和玉米良种补贴 7 亿元基础上，增加棉花良种补贴 8890.4 万元和油菜良种补贴 3000 万元；2009 年，按照小麦 10 元/亩标准落实良种补贴 8853.39 万亩，按照玉米 10 元/亩标准落实良种补贴 6328.94 万亩，按照棉花 15 元/亩标准落实良种补贴 620 万亩，按照水稻 15 元/亩标准落实良种补贴 960.595 万亩；2010 年，对小麦、玉米、水稻、棉花、油菜、花生 6 种农作物实施了良种补贴，兑现补贴资金 18.4 亿元，其中，小麦、玉米、水稻、棉花良种补贴实行全覆盖。目前，河南省良种补贴与前面提到的粮食直补和农资综合直补同步发放，由财政直接把补贴款通过银行打到承包耕地农户的

"一卡通"上。

为了确保良种补贴政策有效实施，河南省采取了各种不同的补贴方式：2004年采取了种子折售价的方式；2005年和2006年采取了小麦良种补贴券的方式；2008年各地根据实际情况，在种子折售价方式和良种补贴券两种方式中选择合适的方式；2009年河南省除小麦之外，其他农作物良种补贴均采用了现金直接补贴的方式。

（1）种子折售价方式。种子折售价方式是先将资金补贴给种子公司，再由种子公司通过降低种子价格的方式补贴给农民。优惠价格应按供种企业的中标最高限价扣除财政补贴后的差价确定。种子折售价方式的实质是农户在购买种子时已得到了财政的补贴，资金的拨付途径是给供种企业，相对集中简便，但由于对种植面积的核对在事后，有可能发生农户购种后将种子卖出的问题。

（2）良种补贴券方式。良种补贴券的方式是将补贴资金直接发放给农户，农民凭补贴券到招标供种企业购买种子，供种企业依据"良种统一供种清册"中核定的补贴面积计算该户的购种款，按券面价值等额抵扣购种款。良种补贴券使农民直接享受到了良种补贴政策的实惠，既有利于补贴面积落实到位，实现集中连片种植、良种良法配套等预定目标，又有利于准确地核实供种企业的供种数量，较好地避免供种环节过多而出现问题，有效减少农户的购种费用。但良种"补贴券"是农户在实际种植补贴品种农作物后才能得到财政的补贴，因而相关部门对种植面积核实的工作量大且复杂。

（3）现金直接补贴方式。以上两种补贴方式的共同缺点是可能会出现供种企业以其他种子冒充良种、以搭售种子的形式发放良种补贴等问题。2009 年，河南省除小麦之外的农作物良种补贴方式均采用了现金直接补贴的方式，由项目县（市、区、场）财政部门组织所属各乡镇财政所，依据农业部门核定的"良种统一供种清册"，直接向种植农户（农场职工）兑现良种补贴资金。

三 农机具购置补贴

农机具购置补贴是指中央财政和地方财政对农民个人、农场职工、农机专业户和直接从事农业生产的农机服务组织，购置和更新国家支持推广的先进适用农业机械给予的补贴。该补贴是为推进农业机械化进程、提高农业综合生产能力、促进农业增产增效与农民节本增收而设立的专项资金。

从 1998 年开始，中央财政开始设立专项资金，对农业机械购置给予补贴。2000 年以前，该专项名称为"大中型拖拉机及配套农具更新补贴"，2001 年调整为"农业机械装备结构调整补助费"，2003 年改为"新型农机具购置补贴"，金额每年为 2000 万元。财政部每年对农业部的预算批复都有对农民和农业生产经营组织购买与更新农机具给予的补贴。农机具购置补贴是国家"三补贴"（粮食直补、良种补贴、农机具购置补贴）强农惠农政策的重要内容，是贯彻落实中央一号文件的重要举措，对改善农业装备结构、提高农机化水平、增强农业综合生产能力、发展现代农业、繁荣农村经济具有重要意义。

该补贴的对象为纳入补贴范围并符合补贴条件的农民和直接从事农业生产的农机服务组织。在申请补贴人数超过计划指标时，补贴对象的优选条件是：配套购置农机具（购置主机和与其相匹配的作业机具）的农机服务组织、农机大户（种粮大户），列入农业部科技入户工程的科技示范户，省市共建新农村建设示范村和联系村农民，"平安农机"示范户。当申请人员的条件相同或不易认定时，财政根据申请补贴的先后排序和农民接受的其他方式确定补贴对象。

该补贴的补贴率和补贴额严格按照《农业机械购置补贴专项资金使用管理暂行办法》执行，补贴额不超过农机具价格的30%。每个农机具品种的具体补贴标准按照省农机局每年公布的《河南省农业机械购置补贴产品目录》执行。

河南省2005~2010年每年都提到农机具购置补贴。2005年补贴4632.9万元；2006年补贴4300万元，涉及农机具6066台（套）；2007年补贴1.2亿元；2008年补贴2.3亿元，涉及农机具35798台（套），由原来的6大类20种增加到9大类33种，补贴标准由上年的20%左右提高到30%；2009年补贴9.25亿元，涉及农机具117027台（套），由9大类33种增加到12大类84种；2010年补贴9.6亿元，涉及农机具13.44万台（套）。农机具购置补贴的资金来源共有两个，分别是中央转移支付和河南省转移支付，中央转移支付又分为中央第一批和中央第二批两部分。

四　测土配方施肥补贴

测土配方施肥是以土壤测试和肥料田间试验为基础，根据作物需肥规律、土壤供肥性能和肥料效应，在合理施用有机肥料的基础上，提出氮、磷、钾及中微量元素等肥料的施用数量、施肥时期和施用方法。通俗地讲，测土配方施肥就是在农业科技人员指导下科学施用配方肥。测土配方施肥技术的核心是调节和解决农作物需肥与土壤供肥之间的矛盾，同时有针对性地补充农作物所需的营养元素，农作物缺什么元素就补充什么元素，需要多少就补多少，实现各种养分平衡供应，满足农作物的需要。该类补贴的资金来源为中央财政专项转移支付。

河南省从 2006 年开始提到测土配方施肥补贴，并且分别在 2007 年、2008 年继续提出，补贴力度也逐年增大：2006 年补贴额为 3600 万元，受益农户和推广面积分别为 203 万户、2193 万亩；2007 年补贴额达 5950 万元，受益农户和推广面积分别为 962 万户、4852 万亩；2008 年，受益农户和推广面积分别为 755 万户、6795 万亩。2012 年，河南省夏粮和秋粮播种总面积为 14970 万亩，而 2006～2008 年此项补贴的推广面积达 13840 万亩，占河南省粮食播种总面积的 92% 以上。

五　农村劳动力培训

农村劳动力转移培训是指对需要转移到非农产业就业的农村富余劳动力开展培训，以提高其素质和技能，加快农村劳动力转移就业。培训包括职业技能培训和引导性培训，以职业技能培训为主。农村富余劳动力向城镇和非农产业转移，是建设现代农业、解决"三农"问题的重要途径，也是社会进步的重要标志。

阳光工程从 2004 年起实施，全称"农村劳动力转移培训阳光工程"，以粮食主产区、劳动力主要输出地区、贫困地区和革命老区为重点，在输出地开展农村劳动力转移就业培训工作，主要由农业部门实施。

"雨露计划"在 2006 年 10 月 24 日全面启动。为进一步提高贫困人口素质，增加贫困人口收入，加快扶贫开发和贫困地区社会主义新农村建设、构建和谐社会的步伐，国务院扶贫开发领导小组办公室决定在贫困地区实施"雨露计划"。其目的是帮助贫困地区青壮年劳动力解决在就业、创业中遇到的实际困难，最终实现发展生产、增加收入、促进贫困地区经济发展的目的。该计划主要由扶贫部门实施。

2012 年，河南省有阳光工程定点培训机构 438 家，其中 3 家为省直基地，60% 为县级以上基地，完成培训 85.6 万人次；"雨露计划"定点培训机构 261 家，其中 41 家为省直基地，78 家为市级基地，142 家为县级基地，完成培训 61.5 万人次。从 2014 年开始，阳光工程培训项目改变为"新型职业农民培育工程"。

在十大民生工程实施期间，河南省从 2006 年开始每年都提到农村劳动力转移就业培训，具体是：2006 年发放补贴资金 2.92 亿元；2007 年发放 1.23 亿元补贴券；2008 年发放补贴资金 1.35 亿元；2010 年发放补贴资金 3 亿元；2009 年共培训结业 27.1 万人，转移就业 19.2 万人；2010 年投入资金 3 亿元，完成农村劳动力培训 62 万人次；2011 年"雨露计划"完成目标任务的 103%、农村劳动力技能培训完成目标任务的 102%、阳光工程完成目标任务的 100.2%；2012 年重点解决农村转移劳动力就业问题，确保全省全年新增农村劳动力转移就业 100 万人，重点实施农村劳动力技能培训、"雨露计划"、阳光工程；2013 年实施农村劳动力技能培训、"雨露计划"、阳光工程，完成各类职业技能培训 300 万人次以上；2014 年新增农村劳动力转移就业 80 万人，重点实施农村劳动力技能培训、"雨露计划"、阳光工程等项目，完成各类职业技能培训 300 万人次。

六 "家电下乡"补贴

"家电下乡"是我国政府于 2008 年 12 月开始实施的，意图是扩大内需。该类补贴是针对全国非城镇户口居民购买彩色电视、冰箱、移动电话与洗衣机等产品，按产品售价 13% 给予的补贴，最高补贴上限为电视 2000 元、冰箱 2500

元、移动电话 2000 元与洗衣机 1000 元。凡农村居民在规定时间内购买补贴类家电产品、提出申请并经审核符合相关条件，均可享受财政资金的直接补贴。补贴资金由中央财政和省级财政共同负担。其中，中央财政负担 80%，省级财政负担 20%。

十大民生工程共有三年提到过"家电下乡"政策，分别是：2008 年，补贴资金 1.3 亿元，补贴品种为彩电、冰箱、手机；2009 年，在上年补贴品种基础上增加了洗衣机，实现销售额 84.2 亿元，共补贴家电 488 万台（件）；2010 年，将电动自行车纳入"家电下乡"补贴范围，发放补贴资金17.85 亿元，补贴各种家电 995.9 万台（件），汽车、摩托车等下乡车辆 78.72 万辆。

第二节 政策分析

一 主要成效

（一）有效促进农民收入增长

从图 7-1 可以看到，从 2005 年开始，河南省农村居民纯收入稳步增长。2005 年，河南省农村居民人均纯收入还未到 3000 元，经过一系列惠农政策的实施，2012 年，农村居民人均纯收入达 7525 元。2005 年河南省农村恩格尔系数为45.4%，之后呈总体下降趋势，到 2012 年下降为 33.8%。

这说明从 2005 年十大民生工程实施开始，随着一系列惠农政策的出现和落实，农村居民生活水平得到了明显改善。

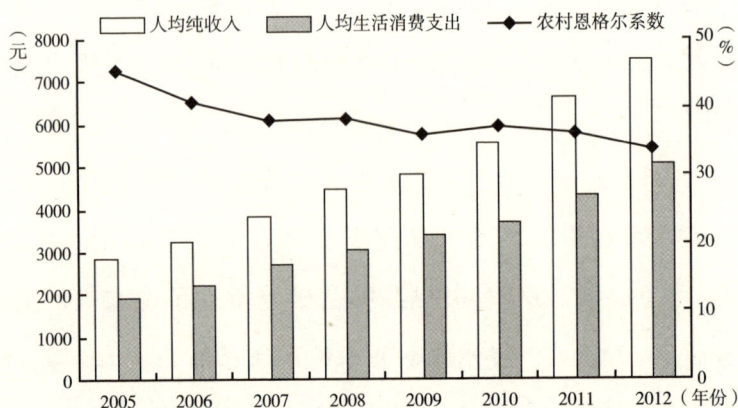

图 7 - 1　2005～2012 年河南省农村居民收支状况

农村居民收入主要分为工资性收入、家庭经营收入、财产性收入和转移性收入四个部分。其中，转移性收入主要包括调查补贴、保险赔款、救济金、救灾款、退休金、抚恤金、五保户供给金、奖励收入、土地征用补偿收入。从图 7-2 可以看出，2005～2012 年，河南省农村居民的各项收入每年都在增加，但是增长速度最快的为转移性收入。这是因为十大民生工程加大了对"三农"的财政补贴力度，而这些补贴都被计入了转移性收入项目。

根据我们在河南省驻马店市遂平县和兴乡的农户调研资料，农村居民种粮每年每亩可以得到良种补贴 10 元、粮食直补和农资综合直补 110～120 元；养殖农户在市场行情不好年份都接受过政府发放的养殖补贴，特别是 2011 年、2012 年

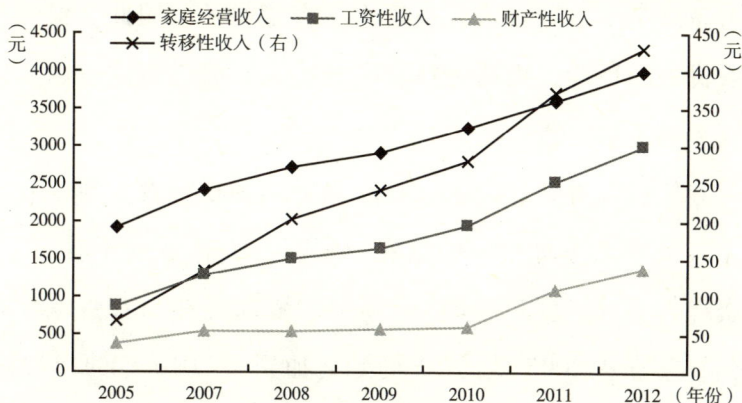

图 7 - 2 2005～2012 年河南省农村居民家庭收入结构

针对能繁母猪进行的补贴，补贴金额为 100 元/头。

（二）保障粮食稳定增产

粮食是基础性的准公共产品，是国民经济的战略性物资，是涉及国计民生的关键商品，具有放大效应和连锁反应。粮食安全与社会和谐、政治稳定、经济持续发展息息相关，在当今世界三大经济安全（粮食安全、能源安全、金融安全）中，粮食安全居于首位。对中国来说，吃饭问题是治国安邦的头等大事。从今后发展趋势看，我国粮食的供需将长期处于紧平衡状态，粮食安全问题始终是一个长期的战略性问题。

河南省是农业大省，并且被定位为国家粮食主产区，2012 年小麦总产量居全国首位，2013 年粮食总产量居全国首位，2014 年粮食总产量预计突破 1100 亿斤，实现连续四年粮食总产量突破 1000 亿斤。然而，粮食种植的收益率较低，由于化肥、农药等农资价格不断上涨，农民种植粮食获得的收益越来越少，导致农村出现大量弃荒耕地。因此，保障种粮农民的积极性，提高种粮农户的收入，成为河南省农业发展任务的重中之重。

我们可以看到，为了鼓励农户继续种植粮食，河南省通过十大民生工程每年向种粮农户发放三大补贴（粮食直补、农资综合直补、良种补贴）。其中，粮食直补和农资综合直补的补贴额从 2005 年的 12 亿元增加到了 2010 年的超过 78 亿元。

从图 7-3 可以看到，2006～2012 年，河南省以小麦和玉米为主的粮食播种面积稳步增长，2012 年小麦播种面积达 534 万公顷，玉米播种面积达 310 万公顷，粮食累计播种面积达 1426 万公顷。政府通过十大民生工程中的各种农民增收政策，不仅保证了提高农民种粮的积极性，而且实现了河南省粮食亩产和总产量的持续稳定增长，为保障我国的粮食安全做出了重大贡献。

（三）促进农村居民生活水平提高

2008 年实施"家电下乡"政策以来，河南省对 9 个大类合计 18160 个型号的电器进行了补贴。据不完全统计，2008～2011 年累计补贴资金在 100 亿元以上，补贴各种家电 2000 万台（件）以上。通过此项政策，河南省农村居民生活水平有了较大幅度的提高。

从图 7-4 可以看出 2005 年河南省农村居民家庭洗衣机、彩电、电冰箱、移动电话四项主要家电的拥有量还比较低，

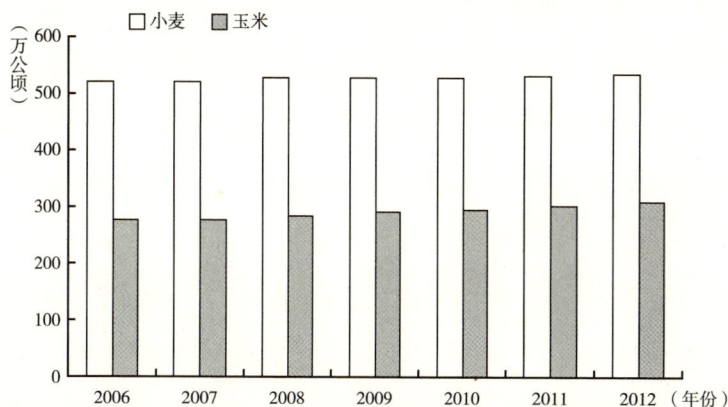

图 7－3　2006～2012 年河南省小麦、玉米播种面积

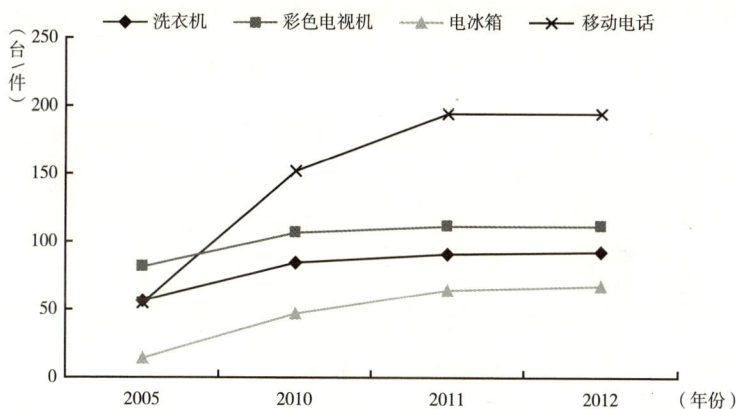

图 7－4　2005～2012 年河南省每百户农村居民主要家电拥有量

但是到 2012 年，各项指标都有所提高，其中移动电话拥有量提升最明显。这期间也大致是"家电下乡"政策的实施期间，因此，"家电下乡"政策对农村居民生活水平提高的促进作用是不能否定的。

（四）有效推进河南省城镇化率提高

2005 年，河南省城镇化率仅为 30% 左右，随着越来越多的农业人口到城市就业和居住，城镇化率也在不断提高，2013 年，河南省城镇化率已经接近 44%。河南省从 2006 年开始，每年都把农村劳动力转移和培训作为工作的重点，支持力度和每年接受培训的农民人数都稳步增长，培训方式也不断改进。到 2014 年底，通过实施阳光工程和"雨露计划"，全省累计培训农村劳动力 1000 万人次以上。通过参加这些培训，农村劳动力的素质越来越适应城市的发展和需要，有利于其进入城市就业并居住下来。大量劳动力从农村得到释放，不仅给城市的发展提供了源源不断的优质劳动力，而且有利于土地的流转和农业耕种规模化的实现。

二 存在问题

（一）农户直接利益提升效果不明显

目前的农业补贴力度较小、效果不明显。国家为了鼓励粮食种植农户积极种粮，实施了粮食直补和农资综合直补、良种补贴和农机具购置补贴。尽管这些年我国"三农"总支出额在不断增加，每年保持了 20% 左右的增长速度，但是仍然低于财政收入和财政支出的增长速度，"三农"支出占财政总支出的比重也还低于 10%，远远低于发达国家粮食补贴支持水平，如日本对水稻种植农户的直接补贴折成人民币达每公顷 1 万元。政策的实际效果并没有达到实施初衷，反而变相成为耕地承包户的长久福利。

表 7 - 1 显示了课题组对河南省 30 户农户入户调查的粮食补贴情况。我们可以看到，所有的被调查农户都接受过粮食直补，但是在发放金额上绝大多数被调查农户不能明确地回答出准确的数额，很多农户的回答是此项收入金额较小，平时没有怎么注意过，反正知道每年都发。这些补贴仅仅作为国家对种粮农户的支持，大家都持赞成态度，可是对于能否调动农户种粮的积极性，大家持不同的看法。

表 7 - 1 调查农户粮食补贴情况

单位：元/亩

农户编号	是否享受过以下补贴				发放形式
	粮食直补	金额（元）	良种补贴	金额（元）	打卡上
1	是	100 多	是	不详	打卡上
2	是	100 多	否	—	打卡上
3	是	70	是	不详	打卡上
4	是	70	是	不详	打卡上
5	是	100 多	是	不详	打卡上
6	是	100 多	不详	不详	打卡上
7	是	不详	不详	不详	打卡上
8	是	不详	不详	不详	打卡上
9	是	100 多	是	不详	打卡上
10	是	100 多	是	不详	打卡上
11	是	100 多	是	10	打卡上
12	是	100 多	是	10	打卡上

续表

农户编号	是否享受过以下补贴				发放形式
	粮食直补	金额(元)	良种补贴	金额(元)	打卡上
13	是	100 多	否	—	打卡上
14	是	100 多	是	不详	打卡上
15	是	100 多	是	不详	打卡上
16	是	100 多	是	不详	打卡上
17	是	100 多	是	不详	打卡上
18	是	100 多	是	不详	打卡上
19	是	100 多	是	10	打卡上
20	是	100 多	否	—	打卡上
21	是	100 多	是	不详	打卡上
22	是	100 多	是	不详	打卡上
23	是	100 多	是	不详	打卡上
24	是	100 多	是	不详	打卡上
25	是	100 多	是	不详	打卡上
26	是	100 多	是	不详	打卡上
27	是	100 多	是	不详	打卡上
28	是	100 多	是	不详	打卡上
29	是	100 多	是	不详	打卡上
30	是	100 多	是	不详	打卡上

第一，与农业生产资料价格上涨幅度相比，近年粮食价格的涨幅偏低，粮食生产与经济作物生产、外出务工的比较收益差距在不断扩大。2010 年红小麦、混合麦与白小麦的最低收购价格分别上升为 1.72 元/公斤与 1.80 元/公斤，但是如果按亩均 400 公斤的产量计算，每亩收入最多增加 32 元，不足以弥补农户增加的生产成本。

第二，这两种补贴目前是按照每户农户耕地面积直接把补贴款打到农户账上，但是很多农户即使没有种植粮食作物也能享受补贴，监督和取消机制在实际操作中还不完善。

第三，根据课题组的调查，大部分农户认为虽然政府每年投入了大量财力，但目前这种按面积发放的形式每户农户感觉并不明显，如撒胡椒面，范围很广泛却没有重点，希望政府集中力量将资金用到更需要的地方，如农村基础设施建设等。

（二）补贴主体发生偏移

虽然河南省通过十大民生工程每年投入大量惠农补贴，希望通过补贴普及农业机械应用、实现农业现代化，但是事实上多种补贴的补贴主体已经发生严重偏移，很多种粮农户并没有真正享受政策带来的好处，享受到补贴的主体也并非种粮农户。

第一，粮食直补和农资综合直补。很多农民实际上早已离开农村，在城市务工或居住，其承包地都流转给了亲戚或村中种粮大户。如课题组调研的驻马店市，全市土地流转面积占总耕地面积的20%，但是这两种补贴的款项仍然打给原有承包地农户，导致种粮大户转包了大量耕地进行规模化粮食种植，而经营风险和利润不对等。

第二，农机具购置补贴。由于近年来农机专业合作社发展迅猛，补贴政策过度向农机合作社等农业组织倾斜。以课题组调研的驻马店市为例，2005年其农机具购置补贴金额只有260万元，可是到2014年，补贴金额达16286万元。大量的补贴资金向农机合作社倾斜，2010 年全市农机合作社为 500 多家，2012 年增加为 700 多家。相比之下，真正需要补贴的普通农户农机拥有率不高，河南省每百户农户小型拖拉机拥有率最高，多年来维持在 30% 以上；大中型拖拉机拥有率较低，并且 2009 年以后不断下降，2012 年仅为 5%；收割机拥有率一直处于较低水平，并且 2010 年以后呈现略微下降趋势。在每年大量农机具购置补贴发放的情况下，普通农户难以享受补贴带来的变化。

（三）地方配套财政资金落实情况较差

地方配套财政资金落实情况不容乐观，如我们调查的很多农业专项资金需要地方政府配套一定比例的资金，不然项目就不予以批准。这样就会形成马太效应，即越富裕的地区，地方配套资金越多，可以更多地得到上级部门的专项支持；越是需要支持的经济落后地区，由于地方政府拿不出相应配套资金，反而越得不到上级财政支持。

第一，农机具购置补贴。农机具购置补贴的规模越来越大，农民购机数量增多，补贴核实工作进一步深入，档案资料进一步完善，造成农机具购置补贴工作量大、工作费用高，特别是宣传、推广、培训、演示工作经费严重不足，没有充足的力量开展这项工作，在一定程度上对农机具购置补贴发放工作产生了一定影响。

第二，阳光工程。阳光工程的资金管理办法规定，培训补助资金由中央财政和地方财政共同承担，培训补助不能用作工作经费，后者须由各市、县级财政自行解决。实际上，各省配套资金不到位现象非常严重，尤其是经济较落后地区投入非常少，个别财政极为困难的县域甚至没有任何投入，以至于形成了以中央财政补贴为主、地方财政套取资金的格局。

（四）"监管体系建设"和"售后服务体系建设"不规范

第一，"监管体系建设"不规范。例如，"家电下乡"政策实施过程中存在假货较多、产品质量较差、经销商事先抬高价格等问题；阳光工程存在通过一定方法套取补贴资金，将资金用作单位办公费、招待费、修车费等问题。

第二，"售后服务体系建设"不规范。例如，"家电下乡"政策存在服务网点少、专业维修技术人员缺乏、售后维修行为不规范、农民对家电产品消费的心理负担重等问题；农户在购买了指定农机具后，存在售后服务不及时、配件购买难、有的易损配件不是通用件等问题。

第三节　政策建议

一　建立科学高效的监督机制

各项惠农政策制度在我国推行的时间较短，各项法律法规还不完善，因此，在农村大范围推行相关政策制度，除了要加强监督管理以外，还应该确立有效的监督评价体系。

（1）行政监督。这是保证各项惠农政策制度顺利运行的前提，因此各级财政部门应确定符合本地区的政策和方针，逐步建立监督管理网络。（2）审计监督。为避免惠农资金被挪用和滥用的情况发生，应该利用审计手段来加强对各项资金应用状况和发放情况的监督。（3）社会监督。虽然审计监督一定程度上限制了公共权力的扩张，但是不能完全避免以权谋私的情况发生，因此还应该加强社会监督。

二　严格核定补贴数量，科学设定补贴标准

目前，每年都有大量惠农资金补贴给农户，但是由于工作人员操作不规范，很多补贴并没有达到政策目的，而实际上变为一种福利。如粮食直接补贴，不论农户是否种植相关粮食作物，一律向上级申请。因此，在各项政策具体执行过程中，应该严格核定补贴数量，并建立科学的补贴标准。在设定补贴标准时，可以考虑以下因素：（1）本地区的经济发展水平；（2）农村的最低收入标准；（3）本地区的物价上涨指数；（4）本地区的财政承受能力。

三　加强对执行机构的管理

这主要包括以下几个方面的内容：（1）通过各种规范化建设活动，逐步完善各种惠农政策；（2）健全操作规范，及时公开各种补贴信息；（3）根据各地的实际情况，制定基本标准；（4）建立部、省、市三级数据中心。现在基层执行人

员管理不规范，使得违规操作和资金流失的现象频频发生，因此政府相关部门应该明确规定各管理部门的职责，加强对基层执行机构的管理。

四　借鉴发达国家经验，建立符合我国农业生产力发展水平的农业补贴政策

一是大力发展农业产业化。在稳定粮食生产基础上，积极推进农业结构调整，由以往的"生产导向"向"消费导向"转变，实现农业＋加工业＋销售业的产业链整合，提高农产品附加价值。

二是设立土地流转补贴，鼓励规模化种植。我国户均拥有耕地面积仅为 0.61 公顷，无论是与美国（户均 80 公顷）相比，还是与以日本（户均 1 公顷）为代表的亚洲传统农业经营相比，生产经营规模都比较小。较小的生产规模不论在生产成本上还是在产量上都没有竞争优势，因此，我们可以借鉴日本的经验，对 4 公顷以上农户和 20 公顷以上农业组织给予专门的土地流转补贴，鼓励规模化经营。

三是借鉴美国和日本的经验，建立休耕的直接补贴。农田休耕可以有效增加土地肥力、改善土壤结构、维护生态平衡、提高粮食单产，因而可以结合我国目前已经实施的退耕还林政策，在适宜的时机出台休耕补贴政策，对按一定比例进行农田休耕的粮食生产者给予补贴。

四是构建新型农业经营主体。单个农户在市场中单打独

斗不仅风险巨大，而且不具有规模经济效应，只有集合起来发展农业经营组织，才能更好地抵御市场风险。欧美的各种全国性农产品协会甚至掌握着农产品的定价权。"授之以鱼不如授之以渔"，政府应该在鼓励农户构建新型农业经营组织上给予一定的政策倾斜，使农户能够通过自己的组织实现经济上的自立。

五是执行政策时要因地制宜。河南省农业生产力水平较低，与农业发达地区相比，当务之急是实现农业生产水平的均衡发展。因此，不同的地区应该根据自己的实际情况，制定符合本地区发展水平的政策，因地制宜地选择实施方式。

（执笔：李　凯）

第八章　改善农村生产生活条件

背景资料

2005 年

2005 年是河南省实施十大民生工程的第一年，第一年的十大民生工程工作方案没有具体的"改善农村生产生活条件"的表述，但第四、第五件实事涉及农村生产生活条件的改善，其主要内容为：解决好群众饮水安全问题；解决好村村通柏油路问题。其中，安排专项资金 2.4 亿元解决群众饮水安全问题；筹措 60 亿元改造乡村公路。

2006 年

河南省承诺："投资 65 亿元，改建农村公路 1.9 万公里。""筹措 4 亿元资金，扶持农村沼气工程建设。新增沼气用户 50 万户，在沼气推广成规模的地区，建设沼气服务站。结合养殖业和沼气发展，建设一批秸秆综合利用小区。""实施居民 20 户以上的自然村广播电视'村村通'工程……建设好 2 万个村的党员远程教育工程。建成覆盖全省的农村信息网。"

2007 年

河南省承诺："筹措资金 50 亿元，改造和建设农村公路 2 万公里以上，实现所有行政村通水泥（油）路。筹措资金 7.8 亿元，解决不少于 200 万农村居民安全饮水问题。筹措资金 25.5 亿元，用于无电村和盲点村电力建设，增加通电户数 13.8 万户。筹措资金 4.4 亿元，在适宜地区全面推进农村沼气建设，争取新建 50 万户农村户用沼气。"

2008 年

河南省承诺：（1）指导各地搞好村镇建设规划，从环境卫生综合整治入手，加强农村基础设施建设。（2）筹措资金 60 亿元，改造县乡公路 7000 公里、通村公路 6000 公里。（3）筹措资金 6.24 亿元，解决 200 万以上农村居民的安全饮水问题。（4）筹措资金 4.4 亿元，继续在适宜地区推进农村沼气建设，新增农村户用沼气 50 万户，积极推进农村改厨、改圈、改厕。（5）推动农村电网新一轮升级改造，完成"盲点村"电网改造任务。（6）大力推进"万村千乡"市场工程，再建成 10000 个农村便民超市，覆盖全省 2/3 以上的行政村。（7）实施农村小康环保行动计划，重点监督指导全省人均收入超 5000 元的行政村开展生态文明村建设。（8）启动林业生态省建设村（镇）绿化工程，筹措资金 1.83 亿元，绿化村（镇）10000 个。

2009 年

河南省承诺："筹措资金 40 亿元，改建县乡公路 6000 公里、通村公路 4000 公里，改造危桥、大中桥 4 万延米。筹措资金 15 亿元，解决 300 万农村居民安全饮水问题。筹措资金 33.75 亿元，继续在适宜地区推进农村沼气建设，新增户用沼气 75 万户。筹措资金 5600 万元，大力推进'万村千乡'市场工程，再建设 6000 个农村连锁超市，覆盖全省百分之八十以上行政村，支持配送中心建设。"

2010 年

河南省承诺：（1）促进农村骨干路建设，重点推进乡乡连、县县通工程，建设改建县乡公路 5000 公里、通村公路 3000 公里、大中危桥 2 万延米。（2）解决 300 万农村居民安全饮水问题。（3）继续在适宜地区推进农村沼气建设，新增户用沼气 20 万户，新建 50 处大型沼气工程、500 个乡村沼气服务网点。（4）继续实施"万村千乡"市场工程，在建设 6000 个农村连锁超市，覆盖全省 90% 以上行政村，支持配送中心建设。（5）加快农村邮政网络建设，补扩建 260 个空白乡镇邮政局所，新建 10000 个行政村村邮站。（6）积极稳妥地推进新型农村建设，对全省 350 个示范中心村新农村建设给予补助和奖励。（7）全面落实库区移民搬迁政策，完成南水北调丹江口水库库区第一批 6.5 万移民迁安任务，确保移民平安、和谐搬迁。

2011 年

河南省承诺：（1）继承加强农村公路建设，逐步提高农村公路路网等级和服务水平，重点推进"乡联县畅"和县乡公路大中危桥改造工程，全年新建改建县乡公路 3500 公里、通村公路 2000 公里、大中危桥 3 万延米。(2) 再解决 300 万农村居民安全饮水问题。(3) 全年新增户用沼气 15 万户以上，新建 50 处大中型沼气工程、500 个乡村沼气服务网点。(4) 对 1000 个贫困村整村推进扶贫，完成 5000 户 22000 人深山区、石山区独居散居贫困农户的搬迁扶贫任务。

2012 年

河南省承诺：(1) 力争建成 300 个以上新型农村社区，改善农民群众生产生活条件。(2) 改造县乡公路 4000 公里、通村公路 1000 公里、大中危桥 4 万延米，进一步改善农村道路通行条件。(3) 解决 506.91 万农村居民和 86 万在校学生饮水安全问题。(4) 加快农村邮政网络建设，建成 97 个空白乡镇邮政局所，完成 190 个基础设施较差邮政局所的改造工作，续建 7000 个村邮站。(5) 继续实施 3000 个以上行政村和 200 个以上乡镇的农民体育健身工程。

2013 年

河南省承诺：(1) 抓好重点区域在建新型农村社区项目建设。(2) 再解决 600 万以上农村居民和在校师生的饮水安全问题。(3) 新建改建县乡公路 4000 公里、农村公路连通工程 1000 公里，改造县乡公路大中危桥 3 万延米。(4) 实施 4500 个农民体育健身工程、300 个乡镇体育健身工程，抓好 50 个新型农村社区全民健身工程示范点（老年人健身基地）建设。

2014 年

河南省承诺：（1）继续实施农村饮水安全工程，再解决不少于 600 万农村居民和在校师生的饮水安全问题。（2）加快推进农村公路"乡村畅通"工程和集中连片特困地区农村公路建设，新建改建农村公路 6600 公里以上，改造大中桥梁 4 万延米。（3）提高管道天然气覆盖率，新增 15 个县域通上管道天然气。（4）完成 538 个既有乡镇邮政局所改扩建项目。（5）建设 4500 个行政村农民体育健身工程、400 个乡镇体育健身工程、6 个以上中小型全民健身中心及 50 个老年人体育健身工程。

第一节 实施情况

一 落实情况

自实施十大民生工程以来，各地积极行动，精心组织，创新举措，结合实际开展工作，努力改善农村生产生活条件，每年项目的落实情况良好。

2005 年，全省共安排农村安全饮水项目 99 个，解决了重污染地区 965 个村的 152.5 万人的饮水安全问题，累计完成投资 3.5245 亿元，超出承诺资金 1.1245 亿元。农村公路建设方面完成新建改建里程 20295 公里，通达行政村 5800 个，累计完成投资 61.1 亿元。

2006 年，河南省改善农村生产生活条件的举措如下：一是农村沼气建设。全省共投入资金近 13 亿元，建成农村户用沼气池 53 万座、大中型沼气工程 290 处、秸秆资源综合利用小区 137 个。培训持证沼气工 6880 人，建立县、乡、村服务站 4286 个。二是农村公路建设。全省农村公路"村村通"累计完成投资 68.8 亿元，为年度投资目标的 106%；完成建设里程 3.1 万公里，为年度建设目标的 163%；新通水泥（油）路行政村 1.5 万个，为年度目标的 150%。三是农村广播电视"村村通"工程。全省共投入建设补助资金 1131 万元，使边远地区 1131 个 20 户以上已通电自然村通上了 4 套以上广播和 8 套以上电视节目，解决了 38 万农民群众听广播、看电视难的问题。四是党员远程教育工程建设。开通终端接收站点 20035 个，为年度计划的 100.18%。五是农村信息网建设。全省"村村通"电话工程建设全部完成，光缆已覆盖全省所有的市、县、乡和 65% 以上的行政村，新建农村综合接入网节点 4100 个，建成各类农村信息服务站 1600 个。

2007 年，全省农村公路建设累计完成投资 54.5 亿元（其中财政投入 27.8 亿元），为年度目标的 109%，累计改造和建设公路 23956 公里，为年度目标的 119.8%。共完成投资 13.7936 亿元（其中财政投入 8.4 亿元），解决了 347.02 万农村居民的安全饮水问题，超额完成了目标任务。"户户通电"工程累计完成投资 25.5 亿元，解决了 13.8 万农户的通电问题，提前 4 个月实现了工作目标。全省新增农村户用沼气 55 万户。

2008 年，河南省改善农村生产生活条件的举措如下：一是村镇规划和农村基础设施建设。全省 47 个扩权县（市）村镇体系规划已全面启动；全省乡镇规划已完成 1098 个，村庄规划完成 15218 个。投资 49 亿元用于全省村庄环境综合整治，新修改建村内道路 1365 公里、排水管沟 1647 公里，自建供水设施 167 个、供水管道 842 公里，安装路灯 12835 盏，修建村庄垃圾站池 1568 个。二是农村公路建设。全省农村公路建设累计完成投资 66 亿元，为年度目标的 110%；建设县乡公路 7500 公里、桥梁 11300 延米、通村公路 8200 公里。三是农村居民安全饮水。投资 10.64 亿元，修建各类农村饮水安全工程 1313 处，解决了 266 万农村居民饮水安全问题。四是农村沼气建设。全省新增农村户用沼气 59.5 万户，完成年度目标任务的 119%。五是农村电网改造。投入 4.48 亿元实施了"农田机井通电"示范工程。实施了农村 110 千伏主干电网建设，建成并投入运行 46 项工程。积极实施了新农村电气化建设工程，建成 6 个新农村电气化县、80 个电气化乡、1200 个电气化村。在"盲点村"改造方面，累计投入资金 19.41 亿元，改造"盲点村"303 个，涉及农户 22 万户。六是"万村千乡"市场工程。建成农村连锁便民超市 1.16 万个（其中财政补贴 10000 个），完成年度目标的 116%，覆盖了全省 2/3 以上的行政村。七是生态文明村建设。全省有 232 个村达到省级生态文明村标准并通过验收，完成目标任务的 116%。八是村镇绿化。全省共完成 10000 个村的绿化工作，投资 1.83 亿元（其中省级财政 4295 万元，市、县级财政 7546 万元，单位或个人自筹 6459 万元）。

2009 年，河南省改善农村生产生活条件的举措如下：一是农村公路及危桥改造。全省农村公路建设累计完成投资 49.5 亿元，占目标任务的 123.8%。新建改建县乡公路 6290 公里、通村公路 6510 公里，分别占目标任务的 104.8%、162.8%；改造危桥、大中桥 40293 延米，占目标任务的 100.7%。二是农村居民安全饮水。全省累计完成投资 14.8 亿元，共为 136 个县（市、区）708 个乡（镇、办）2160 个行政村建设各类饮水安全工程 1305 处，铺设管道 4.7 万公里，313 万农民群众喝上了"安全水""放心水"。三是农村沼气建设。全省累计投入资金 10.04 亿元，新增农村户用沼气 75 万户，受益农民达 320 万人。四是"万村千乡"市场工程。全省累计投入资金 1.5 亿元，新建和改造农家店 11334 个，完成目标任务的 188.9%，覆盖了全省 80% 以上的行政村；新建和改造配送中心 49 个。

2010 年，河南省改善农村生产生活条件的举措如下：一是农村路网建设。全省新建改建县乡公路 5430 公里、通村公路 4675 公里、大中危桥 2 万延米，分别占目标任务的 109%、156% 和 100%。二是农村居民安全饮水。农村居民安全饮水工程涉及 18 个省辖市 138 个县（市、区）688 个乡（镇、办）2986 个村，共完成投资 24.94 亿元，解决了 513.8 万农村居民的安全饮水问题。三是农村沼气建设。全省新增农村户用沼气 22.41 万户，占全年目标任务的 112%；新建大中型沼气工程 58 处、沼气服务网点 584 个，分别占全年目标任务的 116%、116.8%。四是"万村千乡"市场工程。全省新建和改造农村连锁超市 6494 个，占目标任务的 108.2%，覆盖了全省 90% 以上的行政村；新建和改造配送中心 30 个。五是农村邮政网络建设。全省共建成农村村邮站 10800 个，补扩建空白乡镇邮政局所 275 所，分别占全年目标任务的 108%、105.8%。六是新型农村社区建设。全省共安排 1 亿元省级示范村建设专项资金，对 125 个靠近城镇或产业集聚区、具有较好基础设施条件、交通便利、基层班子团结、群众热情高的示范村建设进行了奖补。七是库区移民搬迁。南水北调丹江口水库库区第一批移民涉及淅川县 10 个乡镇 57 个村 6.49 万人，安置区涉及全省 6 个省辖市 25 个县（市、区），规划建设安置点 81 个，其中外迁、近迁安置点 63 个，计划建房 14441 户。2010 年 9 月 4 日，第一批移民搬迁工作圆满完成，共搬迁 76 批次，搬迁移民 13761 户 60886 人。

2011 年，河南省改善农村生产生活条件方面的 5 项工作累计投入资金 77.21 亿元（其中财政资金 74.05 亿元，占年初预算的 106.7%），农村沼气建设完成目标任务的 244.26%，农村居民安全饮水工程完成目标任务的 140.6%，贫困村整村推进扶贫及搬迁扶贫完成目标任务的 117.06%，农村路网建设完成目标任务的 108.1%，贫困人口脱贫致富完成目标任务的 103.3%。

2012 年，河南省改善农村生产生活条件的举措如下：第一，全省已开工建设新型农村社区 2302 个，新建成入住 448 个，超出任务 148 个，累计建成入住 948 个。第二，全年完成县乡公路里程 4115 公里，超出任务 115 公里；完成通村公路 1090 公里，超出任务 90 公里；完成危桥改造 4 万延米，完成目标任务。第三，共解决 600.16 万人的饮水安全问题，其中农村居民 513.36 万人，学校师生 86.8 万人。第四，顺利推进 97 个空白乡镇邮政局所补建，截至 2012 年底，全省已建成 6 个，在建 91 个，计划 2013 年 5 月底全部建成；筹资 5700 万元，完成 195 个基础设施较差邮政局所的改造，超出预定任务 5 个，全年建成 8678 个村邮站，超额完成原定建成 7000 个村邮站的目标。第五，全省实施农民体育健身工程 5030 个、乡镇体育健身工程 300 个，分别超出原定目标任务 2030 个、100 个。

2013 年，河南省改善农村生产生活条件的举措如下：第一，在新型农村社区建设方面，全省已建成新型农村社区 127 个，在建 636 个。第二，农村饮水安全工程共完成投资 32.2774 亿元，解决 695.81 万人的饮水安全问题，其中农村居民 570.16 万人，农村学校师生 125.65 万人。第三，农村公路建设全年完成投资 72.86 亿元，新建、改建县乡公路 4200 公里，完成年度目标任务的 105%；新建、改建农村公路连通工程 2200 公里，完成年度目标任务的 220%；改造县乡公路大中危桥 3 万延米。第四，积极争取并充分利用国家、省、市、县级彩票公益金，在原计划实施 4500 个农民体育健身工程、300 个乡镇体育健身工程、50 个新型农村社区全民健身工程示范点的基础上，扩大民生工程的实施规模，其中，农民体育健身工程增加 10% 以上，乡镇体育健身工程增加 20% 以上。

二　项目特点

（一）项目内容越来越丰富

随着广大群众的受益面逐步扩大，社会公众对十大民生工程的关注度越来越高，每一年的项目内容都不断丰富，涉及的领域和参与部门也在不断增加。

首先，项目数量逐年增多。2005 年是实施十大民生工程的第一年，当年并没有"改善农村生产生活条件"这一条，只是在"关于解决好群众饮水安全问题"和"关于解决好村村通柏油路问题"里有所体现。2006 年十大民生工程工作方案提出"继续改善农民基本生产生活条件"，项目涉及改建农村公路、扶持农村沼气工程建设、实施广播电视"村村通"工程、建设党员远程教育工程、建成覆盖全省的农村信息网，而且很多项目的任务规定比较具体，比如规定改建农村公路 1.9 万公里。2007 ~ 2014 年项目内容逐渐增多，也更加具体。

其次，覆盖领域越来越广泛。2005 年，改善农村生产生活条件共涉及两大领域：改造乡村公路和群众饮水工程，之后，涉及领域不断增多。据统计，河南省十大民生工程涉及改善农村生产生活条件的内容包括乡村公路改建、群众饮水安全工程、农村沼气工程、大中危桥改造、农村市场建设、乡镇邮政局所建设、农民体育健身工程、农村电网改造、新型农村社区建设、广播电视"村村通"、党员远程教育工程、农村信息网建设、生态文明村建设、村（镇）绿化工程、示范中心村新农村建设、丹江口水库库区移民、整村扶贫、管道天然气建设。

最后，参与部门和单位不断增多。十年间，参与项目落实的部门和单位不断增多，由最初的两个省级部门参与发展到 2014 年的 11 个省级部门以及省以下各级党委、政府和对口管理部门参与。

（二）项目建设连续性明显

通过分析可以发现，2005～2014 年，有一些重要的改善农村生产生活条件项目持续了多年。一是乡村公路改建，2005～2014 年每年都被列入建设内容。二是群众饮水安全工程，共有 8 年被列入建设内容，而且解决饮水问题的人口不断增多，从 2008 年的 200 多万人增加到了 2014 年的 600 万人。三是农村沼气工程，共有 6 年被列入建设内容，是 2006～2011 年，连续 6 年不间断，体现了政策的连续性。四是大中危桥改造，2009～2014 年连续六年被列入建设内容。五是农村市场建设。2008～2010 年连续三年被列入建设内容。六是乡镇邮政局所建设，河南省于 2010 年、2012 年、2014 年分别进行了乡镇邮政局所的改扩建工程。七是农民体育健身工程，河南省分别在 2012～2014 年连续三年安排相关农村健身工程项目。八是农村电网改造和新型农村社区建设，河南省于2007 年、2008 年连续两年安排了农村电网改造项目，2012 年、2013 年连续两年安排了新型农村社区建设项目。

（三）项目选择具有时代性

2005 年，河南省主要解决了最为紧要的群众饮水安全问题和农村公路建设问题。2006 年，为适应农村植物秸秆、动物粪便处理和发展可再生清洁能源的需要，河南省增加了农村沼气工程建设；为适应农村市场发展的需要，河南省增加了农村信息网建设、农村电网升级改造等事项。2006～2009年，政策仅仅支持农民户用沼气的建设，随着我国农村规模化养殖的发展，到 2010 年，十大民生工程工作方案明确表示要支持建设大型沼气工程，同时政策也开始关注农村沼气工程建设后的技术服务与日常管理问题，支持乡村沼气服务网点的建设。2008 年，河南省又将农村市场建设、生态文明村建设等列入改善农村生产生活条件的项目，这与农村市场和环境发展的需要相吻合。

（四）项目之间的递进性明显

由图 8-1 可以明显看出，各个项目之间存在一定的递进性。第一，农村安全饮水工程解决了农民最基本的生存问题。第二，农村公路建设、大中危桥改造解决了农村居民的交通问题，既方便了农民的出行，又便利了城乡之间商品的运输。第三，广播电视"村村通"工程、农村信息网建设和乡镇邮政所建设，进一步解决了新时期农业、农村、农民对信息和物流的需求。第四，农村沼气工程建设、农村电网改造以及在此基础上的管道天然气建设，解决了农民在生产和生活中对能源的需求问题。以上四个方面的内容可以说是农村居民物质层面的需求，而在此之后逐渐纳入十大民生工程项目的农民体育健身工程、生态文明村建设、村（镇）绿化工程和示范中心村新农村建设，则注重了农村居民的精神需求。

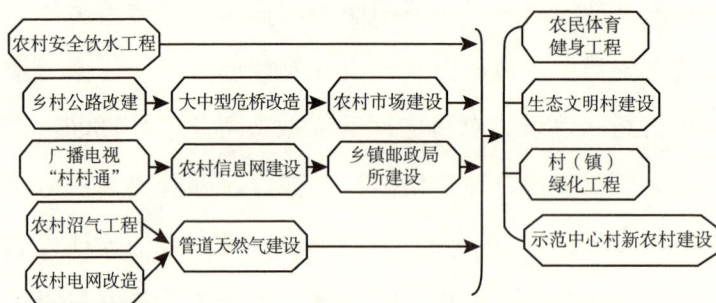

图 8-1 十大民生工程项目之间的递进性

（五）财政资金投入逐年增多

2005 年涉及的两项内容的预算财政资金投入总额为 62.4 亿元；2006 年涉及五个项目，其中改建农村公路预算财政投资 65 亿元，农村沼气工程建设预算财政投资 4 亿元，其他几个项目的资金投入额度没有具体要求。2007 年财政资金投入预算总额为 87.7 亿元。其他年份的预算财政资金投入没有在工作方案中详细列出，但由于所实施的项目增多，预算金额应是不断增加的。2005～2014 年，河南省委、省政府在做大经济"蛋糕"的同时，继续围绕保障和改善民生，切好"蛋糕"，加大十大民生工程的预算财政资金投入，让更多公共财政的阳光洒向民生领域。各级财政对河南省十大民生工程的投入均呈现了增加的趋势。

（六）项目资金由多级政府共同负担

由于河南省实施的十大民生工程规模大、投入资金多，单靠某一级政府负担项目资金，难度较大。如 2012 年十大民生工程财政总投资额为 1144.1646 亿元，占河南省财政支出总额 5006.40 亿元的 22.85%，其中改善农业生产生活条件一项就投入财政资金 128.777 亿元。十大民生工程的资金投入由中央、省、市、县多级财政共同负担，其中中央财政资金投入量最大，其次是省级财政，市、县级财政负担比重最小。

第二节　政策分析

一　主要成效

（一）项目完成情况良好

在河南省委、省政府的统一领导下，在各厅局机关的积极参与下，历年河南省十大民生工程安排的事项完成情况良好。从任务数量看，十年间任务没有完成的只有三个小项目：一是 2010 年的示范中心村新农村建设项目，完成率为 36%；二是 2010 年丹江口水库库区第一批移民项目，完成率为

94%；三是 2012 年空白乡镇邮政局所建设项目，建成 6 个，在建 91 个，完成率为 7%。其他项目的完成率都在 100% 以上，有一些项目的完成率甚至在 150% 以上。从承诺资金的完成情况看，由于数据可得性有限，我们能够找到的承诺资金和实投资金数据不多，但从这些数据来看，多数项目的投入资金超过了承诺资金。

（二）群众满意度高

2010 年，河南省地方经济调查队对全省 12 个省辖市和 12 个县（市）1200 名居民进行的问卷调查表明，绝大多数群众认为十大民生工程取得了令他们满意的效果，约九成以上的被调查者认为民生状况有了大的改善。全省各级党员干部在工程推进中，坚持眼睛向下看、身子往下沉，帮农民修路、打井、建沼气，切实改善了农村生产生活条件，为经济的加快发展打下了基础、集聚了后劲。

（三）农村生活条件明显改善

第一，农村地区出行更加方便。十大民生工程项目的实施共新建和改建农村公路 131406 公里（不含 2014 年的数据），占河南省农村公路总里程 22.5 万公里（2013 年底）的 58.4%。至 2013 年底，河南省农村公路覆盖全省所有乡镇、行政村和 76% 的自然村；全省城乡客运一体化率达 100%，行政村通班车率达 98%，农村地区出行条件得到了明显改善。第二，河南省农村饮水安全保障水平大大提高。受自然、地理、经济和社会等条件的制约，河南省农村饮水困难和饮水不安全问题突出。饮水安全直接关乎广大人民群众的身体健康，做好农村饮水安全保障工作，是维护最广大人民群众根本利益的基本要求。河南省委、省政府把解决农村饮水安全问题列入十项重点民生工程，2005～2014年，共解决了3309.29万人（2013年底）的安全饮水问题，占2013年河南省农村人口5958万人的55.54%，农村饮水安全状况显著改善。第三，农村市场体系不断完善。截至2014年上半年，全省共建设和改造农家店5万多个，覆盖了全省90%以上的行政村，连锁农家店营业面积近500万平方米，销售额占农村市场的近三成；建设和改造面向农村的商品配送中心175个，吸收农村劳动力就业22万人以上，使6000多万农民受益。第四，农村清洁能源建设发展迅速。农村沼气建设多年来是河南省十大民生工程的重要内容，各地区对农村沼气建设十分重视，制订了切实可行的实施方案，明确规定了目标任务和奖罚措施，出台了加强农村沼气建设相关文件，并实施了跟踪问效制度。十年间，河南省共建设户用沼气301.55万户、大中型沼气工程317处、乡村沼气服务网点5370个。农村沼气工程在美好乡村建设中尽显魅力，促进了现代农业发展，改善了农村环境，提高了农民生活水平，实现了经济效益、社会效益和生态效益三赢。第五，农村体育事业得到了较快发展。2012年以来，河南省委、省政府连续三年将农民体育健身工程作为民生工程的重要内容。目前，十大民生工程共实施行政村体育健身工程9980个、乡镇体育健身工程

760 个。以此为契机，河南省群众体育事业蓬勃发展，全民健身意识进一步增强。

二　存在问题

2014 年，课题组赴河南省驻马店市调研，实地考察了驻马店市驿城区诸市乡相元村、遂平县和兴镇和兴村等的十大民生工程落实状况与实际效果，结合其他方面的研究，我们发现了十大民生工程在实施过程中在项目设计、管理和实施中存在一些问题，具体如下。

（一）项目决策机制尚待完善

十大民生工程中改善农村生产生活条件的公共物品供给实行的是"自上而下"的决策机制，决策主体主要是政府及其职能部门，有些甚至是省级政府部门，决策多由政府以文件和政策规定的形式下达，带有很强的行政指令性、主观性和统一性。由于组织化程度过低，农民在同非农业部门和政府进行交易、谈判中往往处于弱势地位，难以参与公共决策，无法充分表达自身的利益诉求。尽管每年的十大民生工程都会通过网络征求广大群众的意见和建议，但群众的参与程度尤其是农村居民的参与程度不是太高，政府及其职能部门不可能准确了解和掌握农民对农村公共物品的需求状况，结果必然使一些农村公共物品的供给脱离农民的实际需要。

（二）项目供给主体责任不明确

根据公共财政理论，政府的主要职能是提供公共物品，弥补市场缺陷。农村纯公共物品应由政府免费提供；而农村准公共物品的提供，市场机制可以发挥一定的作用，但政府仍然应该发挥主导作用。在后农业税时代，由于有关法律法规对各级政府的事权划分只做了原则性规定，地方政府间部分事权划分不明确、不合理，有些事权执行不规范，在"三农"方面的支出责任不具体、不规范，一些原本应该由省级政府负责的事务交给了市县级政府，一些本该由市县级政府负责的事务反而要由省级政府安排。从表8-1可见，河南省2009~2012年改善农村生产生活条件方面的财政资金共投入4208050.4万元，其中中央财政资金投入占比40.57%，省级财政资金投入占比21.51%，市县级财政资金投入占比25.80%，自筹资金投入占比12.12%。由于没有很好地确定各级地方政府的支出责任，这一资金投入结构每年都带有很大的随意性。

表8-1　2009~2012年河南省改善农村生产生活
条件的投入资金结构

单位：万元

年份	合计	中央财政	省级财政	市县级财政	自筹资金
2009	605600	211500	108600	265700	19800
2010	1270175	748514	148897	186317	186447
2011	772180.4	243719	328137	168728	31596.4
2012	1560095	503324	319675	464772	272324
合计	4208050.4	1707057	905309	1085517	510167.4

（三）改善农村生产条件项目缺乏

2005～2014年，河南省改善农村生产生活条件共安排18个小项目，其中没有安排直接改善农业生产条件的项目，只有农村公路建设、农村信息网络建设、农村市场建设等5个项目和农业生产相关联，而这些项目安排的初衷不是改善农业生产条件，而是方便农村居民生活。相对来讲，安排用于改善农村生活条件的项目较多，投资也比较大。

（四）存在重建轻养现象

在改善农村生产生活条件的项目中，一些项目实施效果较好，如农村市场建设、农村信息网络建设、农民体育健身工程等，但一些项目实施难以有好的效果，重视新建项目、忽视项目运营及维修现象屡见不鲜。群众反映比较集中的问题主要有：一是乡村公路在建成后，没有道路维护费；二是在农村沼气工程项目中，一些地方只注重建池数量与速度，而不注重对沼气使用人员和维修技能人员的培训，部分沼气池使用率低，一旦损坏便弃之不用。

（五）项目建设重数量轻质量

一是在乡村公路建设中单纯追求公路里程数而没有考虑公路质量，出现路窄无法会车、路面很快出现破损等问题。二是有一些项目的建设周期较长，按照年度来安排工期有违项目建设规律，存在突击建设现象，可能导致工程质量难以合格。如2012年安排的乡镇邮政局所建设项目，当年开工并完成建设的只有6个，而计划完成的项目则有97个。三是在农村沼气工程建设中不能因地制宜、合理规划，造成部分沼气池建在院外。

（六）财政投入要求配套比例大

十大民生工程大部分项目需要市、县层层落实配套资金，有的项目需要地方配套的资金比例过大，甚至个别项目建设资金全部要由地方来承担，这对财政状况较差的县（市、区）来说难以承受，对地方经济的发展后劲造成了一定的不良影响。此外，一些项目还存在变相要求地方政府配套相关资金的情况。

（七）资金的投入过于分散

2005～2014年，河南省改善农村生产生活条件的建设项目逐渐增多，项目越分越细，这使得财政资金的使用过于分散，看起来办了很多让群众得实惠的事，但没有很好地发挥社会主义国家集中力量办大事的优势，能够真正起到惠民作用的项目不多。另外，过多的支农项目也会导致基层政府工作压力大、行政成本高。

（八）行政部门工作效率较低

一是某些民生工程项目一定程度上存在计划下达晚、资金拨付迟现象，承办单位为了完成任务只能赶工期、抢进度，给工程实施带来了很大的被动。二是个别项目土地、规划审核手续办理周期较长，进度较为迟缓。如农村安全饮水工程，需要报省主管部门批准，程序复杂，过程较长，一定程度上影响了工程整体进度。在实践中，各类支农资金来源不同，管理权限也不同，各部门经常"各行其道"、互不沟通，造成职能重叠，既难以进行统筹管理，又不利于执行监督，更增加了运行成本。二是行政工作经费缺乏。基层政府和有关部门为保证政策的落实，从各个方面加大了工作力度，包括进村入户宣传、挨门挨户走访、开展技术培训与宣传、进行督导检查等，缺乏工作经费支持。河南省有 95 个粮食主产县，这些粮食主产县大多是"财政穷县"，地方财政收入状况较差，基层普遍感到在贯彻好、落实好政策时，工作经费不足。

第三节　政策建议

一　改善农村生产生活条件的治标之策

（一）增加改善农业生产条件的项目供给

结合河南省 2005～2014 年十大民生工程中改善农村生产生活条件项目的完成情况、实施效果，河南省粮食核心区建设，以及现代农业发展的需要，今后的项目应优先在农村生产领域进行布局。一是农村生产基础设施建设。主要包括：兴修为农田服务的水利设施，建设旱涝保收、高产稳定的基本农田；支持普及推广节水灌溉技术，重点发展投资大和效益高的喷灌、滴灌、雾灌等节水灌溉技术以及地埋管道、软带微喷等经济实用的灌溉技术。二是设施农业发展。设施农业具有高附加值、高效益、高科技含量的特点，河南省设施农业发展速度慢、档次低，今后政府应该加大扶持力度，鼓励发展设施农业。三是加快农业技术创新和推广。要加大对农业科技创新的支持力度，大幅度增加对农业科研的投入，加快建立新型农业科技创新体系，加强关键技术攻关和高新技术研究。加快农业科技成果转化，扩大重大农业技术推广项目专项补贴规模，选择一批增产、增收、增效、降耗作用显著的重大农业技术项目进行重点推广。

（二）优化项目遴选机制

民生是一个长期的、动态的、历史的概念，民生工程涉及面广、政策性强、内容丰富，是长期的系统性工程。因此，在项目选择上，必须贴近群众，广泛征求社会各界的意见和建议，系统规划，长期安排，循序渐进，滚动发展。按照集中财力办大事、办一件成一件制度化一件的原则，统筹考虑全省人民的共同愿望、实际需要和财政保障能力，研究确定工程项目内容。具体到改善农村生产生活条件的项目选择，可采取如下做法：（1）充分发挥村民大会和村民代表大会的作用。社区公共资源的筹集和公共物品的供给须经村民会议或村民代表会议表决同意。（2）县乡范围内的大型公共物品供给应在广泛听取群众意见的基础上，由本级人民代表大会投票表决，常规性的公共物品供给也应接受人民代表大会的监督检查，保证有限的资金投到公共物品生产中。

（三）完善项目资金拨付

十大民生工程的资金多以专项转移支付的方式下达各级

政府部门，上级政府对基层情况缺乏了解，往往造成专项资金预算脱离实际，造成上级政府变相要求下级政府配套一定量的资金的现象。可行的办法是，项目资金可以直接由省级政府下达到县级政府，只规定项目完成的内容和数量，至于资金在项目之间的配置则不再细分，更不要采取政府集中采购等方式给基层配置实物，将项目选点权交由县级政府自主决定。此外，应逐步减少基层配套资金。财政资金分级配套制所产生的"联动效应"值得肯定，但同时衍生的"累退效应"也不容忽视，公平与效率必须兼顾。新时期，有必要结合实际情况，科学调整农业支持资金分配机制。一方面，积极推动各级政府支农的财权与事权相协调。针对基层财政困境，上级政府要有效辨识各级政府的支农边界，适当地放宽财权、压缩事权，并采取各种有效措施监管地方财政配套资金。另一方面，省级政府在确定工程项目的同时，要落实好财政资金，用足用活中央有关政策，加大省级财政投入力度，尽可能减轻市县资金配套压力，确需市县落实配套资金的，尽量采取区别化对待的原则，避免"一刀切"，对落后、贫困地区给予优惠的扶持政策，力争少配套或不配套，确保其发展后劲和可持续发展能力不受影响。

（四）适度整合涉农资金

为避免资金使用过于分散，以县级政府为单位，将改善农村生产生活条件的项目资金和其他方面的支农项目资金进行有效整合，变分散投入为集中投入。县级政府及其职能部门将性质趋同、目标接近的资金捆绑打包、拼盘使用，综合考虑现代农业发展现状与投入特点，以财政资金使用效益最大化为目标，科学合理地配置公共财政资源。具体而言，本着资金性质不变、安排渠道不变、监督管理不变的原则，以县级政府为单位，统筹安排本级财政资金，集中力量办大事。

（五）科学安排项目布局

一是合理布局项目，有些项目要以一个村为单位布局，有些项目可能需要以一个乡镇为单位进行布局，要依据项目的特点和居民需求进行合理布局。二是适当安排项目建设周期，根据项目自身的特点和规律，有些项目可以在一年以内建设完成，有些项目可在一年以上建设完成。

（六）健全项目工作机制

首先，民生工程确定后，省直各承办单位要抓紧出台项目实施的具体方案，尽快拨付项目建设资金，争取项目早开工、群众早受益。凡需要与中央计划对接的，承办单位要加强沟通协调，争取中央计划能够尽早下达，及时完成对接；凡需要省直相关部门联合下达的，各有关单位要加强协调，简化程序，尽快下达至各市、县；凡项目建设资金已经筹措到位的，要第一时间下达各施工单位，增加基层承办单位的主动权。其次，民生工程涉及内容广、牵涉单位多、协调任务重，有必要建立民生工程联席会议制度，由省委、省政府各一名领导同志牵头，定期召集省发改、财政等单位负责同志，加强统筹协调，研究解决工程推进中遇到的困难和问题。

同时，借鉴省外的一些经验，逐步探索建立民生工程的考核激励机制，将民生工程的组织实施、资金管理、实施效果纳入考核范围，强化各地各部门的主体责任，加大推进的力度，增强办理的实效，真正把改善民生的决策部署落到实处，把群众所思所想所盼的事情办好。此外，由于基层政府财政困难，项目的实施必然加大基层政府的行政成本，要在项目设计中适当增加行政经费。

二 改善农村生产生活条件的治本之策

（一）优化转移支付制度

我国现行转移支付制度是传统"分级包干"体制下转移支付和分税制下转移支付的混合体，存在许多不完善之处。应进一步完善均衡性转移支付测算办法，扩大一般性转移支付规模，尽量减少对贫困地区地方配套资金数额的要求，保证地方政府拥有一定的财力。在转移支付的结构和项目安排上，应根据辖区内地方政府的财政状况，合理确定转移支付项目和资金，科学设置省内均等化转移支付项目，均衡各地财力，实现各地公共服务均等化目标。另外，对转移支付资金的监督力度要加大，提高资金的使用效率。

（二）明确各级政府职责

在农村公共物品的供给中，必须明确供给主体的责任，在此基础上确定应由哪一级政府提供、投入多少资金等。应合理划分中央与地方的事权范围，尽可能做到职责分明、边界清晰、各行其职。中央政府、省级政府、市（县）级政府应各司其职，该上收的事务应上收，该下放的事务应下放。同时，还要建立财权与支出责任相适应的资金保障机制。

（三）促进农业生产方式变革

家庭承包制是小农生产方式，已明显不能适应现代市场经济发展的需要，财政资金的投入应鼓励农区积极进行农业生产方式的变革，推进家庭农场制等新的农业生产方式的确立。农场制就是以谋取利润为目的，以土地规模经营、专业化生产为典型手段，以土地出租者－农场主－农业工人为典型结构，在城乡社会化和市场一体化背景下开展竞争性商品生产的农业基本经营制度。农场制的实质是"规模化经营"和"企业化经营"。当今农业现代化成功的国家和地区，无一例外地推行了农场制，要实现河南省农业的进一步发展，必须实现向农场制生产方式的转型，走农场化的道路。

（执笔：文小才）

第九章　环境

背景资料

2005 年

河南省在环境方面安排专项资金 2.4 亿元，确保重污染地区群众喝上干净水、放心水。

2006 年

河南省承诺："加强环境污染治理工作，重点解决沙颍河等 6 个流域的水污染和 5 个群区的大气污染问题。筹措 5.4 亿元资金，解决重污染及高氟高盐等地区 150 万农民安全饮水问题。"

2007 年

河南省承诺："将卫河、惠济河、贾鲁河作为流域水污染综合整治的重点，使河流水质达到省政府确定的 2007 年出境断面水质目标要求。采取综合措施保护和改善 133 个集中式饮用水源地水质，确保饮用水源地水质达到或优于地表水三类标准。重点治理化工（化肥）、医药、电力等重污染行业，对 134 家企业进行综合整治，形成年消减化学需氧量 1.2 万吨、氨氮 3500 吨、二氧化硫 15 万吨的能力。在全省所有城市和县城建成污水处理厂和生活垃圾场，推进建立运营长效机制，确保已建成污水处理厂和垃圾处理场正常运行。"

2008 年

河南省承诺："加强重点行业污染治理，完成 24 家电力企业脱硫工程建设和 150 家铁合金、刚玉、电石企业的污染治理任务。继续加强对贾鲁河、惠济河、卫河流域污染的专项整治，实现水质明显好转。加强饮用水源地安全建设，完成 113 个饮用水源地规划编制，对 53 个不能稳定达标排放和不能满足总量控制要求、影响水源地水质安全的项目，实施搬迁、停产治理或限期治理。""加快推进污水处理厂形成减排效能，建成的城市污水处理厂全部实现稳定运行、达标排放。加快污水处理厂配套管网建设和运营管理，完善污水处理费征收机制。""加强城镇生活垃圾处理场运营管理，争取开工 20 个县级生活垃圾处理场无害化升级改造工程。"

2009 年

河南省承诺："深化贾鲁河郑州段、惠济河开封段、卫河新乡段等流域环境综合整治，开展淅川矾土冶炼、巩义米河镇和信阳明港镇大气污染综合整治，深度治理陕县棕刚玉，登封、偃师和禹州耐火材料等行业。完成 36 家规模化畜禽养殖场污染治理示范工程。投入资金 2.8 亿元，加快全省自动监控系统建设，完成建设任务的 80% 以上。投入资金 2.4 亿元，完成 10000 个村（镇）绿化工程，创建 300 个省级生态文明村。"

2010 年

河南省承诺："继续实施节能产品惠民工程，加大高效照明产品的推广普及力度，重点在农村居民用户、城市居民用户和市以下政府机构等单位推广。对地表水饮用水源进行综合整治，确保人民群众饮水安全。继续实施环境综合整治，对黑河、蟒河、安阳河、金堤河流域水环境进行整治，对平顶山石龙区和义马、渑池城市大气环境、尉氏旧金属冶炼进行环境综合整治。全面完成全省环境自动监控建设。继续加强农村环保建设，建立完善农村环保以奖代补、以奖促治机制，创建 407 个省级生态文明村、82 个环境优美小城镇。完成全省 1015 个乡生活垃圾中转设施建设任务，形成组保洁、村收集、乡运输、县处理的农村生活垃圾处理新机制。

2011 年

河南省承诺：（1）加强农村环境综合整治，建立完善农村环保以奖代补、以奖代治机制，创建 456 个省级生态文明村、84 个省级生态镇。（2）开展爱国卫生运动，全年完成农村改厕任务 26 万户，全省农村厕所普及率提高 1.3 个百分点，农村环境卫生进一步改善。

2012 年

河南省承诺：（1）实施农村环境连片整治，完成约 300

个中央农村环境连片综合整治项目主体工程。（2）开展生态示范创建，创建452个省级生态村、87个省级生态乡镇。（3）继续开展爱国卫生运动，完成农村改厕任务26万户，进一步改善农村环境卫生。（4）对城镇生活污水处理厂和产业集聚区污水处理厂建设、升级改造及污水处理管网建设实施以奖代补。

2013年

河南省承诺：（1）加强大气污染防治，编制实施灰霾天气综合整治计划。研究制定大气污染物排放地方标准和灰霾天气应急预案。年内建成洛阳、平顶山、焦作、安阳、三门峡、许昌、南阳、周口、信阳9个省辖市细颗粒物监测设施，年底前适时发布监测结果；完成24家电厂25台燃煤机组脱硝；淘汰或改造省辖市建成区天然气和供热管网覆盖范围内所有10蒸吨及以下燃煤锅炉。（2）加强农村环境保护，完成221个农村环境连片整治项目和115个规模化畜禽养殖企业污染治理项目，开展土壤环境保护和综合治理示范工作，完成济源市铅污染土壤修复试点工程。（3）开展生态示范创建，创建500个省级生态村、100个省级生态乡镇。（4）加快城镇生活污水处理厂和产业集聚区污水处理厂建设、升级改造及污水处理管网建设进度，完成43个污水处理厂新改扩建工程，新增污水处理能力150万吨/日。

2014年

河南省承诺：（1）"实施蓝天工程。以郑州及周边地区为重点，加大灰霾天气治理力度，完成各省辖市建成区天然气和供热管网覆盖范围内 10 蒸吨及以下燃煤锅炉拆除或清洁能源改造；加快 31 台总装机 1202 万千瓦燃煤机组锅炉烟气脱硝治理项目建设，全面完成全省燃煤机组脱硫脱硝和烟尘提标治理任务；加快全省县级及以上城市建成区和高速公路服务区范围内油库、加油站和油罐车油气回收改造工作；加强机动车尾气治理、城市施工和道路扬尘防治、秸秆焚烧治理、餐饮业油烟污染和工业窑炉治理。严格机动车环保标志管理，对不达标车辆不予发放环保和安全技术检验合格标志；加快淘汰黄标车和老旧车辆，郑州等 9 个省辖市按照省定任务淘汰 2005 年前注册的黄标车；完成柴油升级为国四标准工作，提高公交、出租、物流等营运车辆清洁能源使用率。"

（2）"实施碧水工程。加强水污染防治，完成 34 家规模化畜禽养殖企业污染治理工程；推进 20 个重点流域工业污染防治和清洁生产项目建设；加快城镇生活污水、产业集聚区污水处理设施和城镇生活垃圾处理设施建设，建成污水处理厂 82 座，新增垃圾日处理能力 3000 吨，推动全省设市城市全部建设污泥无害化集中处理处置设施。"（3）"实施乡村清洁工程。以'清洁家园、清洁水源、清洁田园'为目标，加快农村环境基础设施建设，完成 350 个农村环境连片整治项目；开展生态示范创建，创建 3 个省级生态县、60 个省级生态乡镇、300 个省级生态村，改善农村人居环境。"（4）"加强重金属重点污染源治理，强化深度治理和废水回用，完成有色冶炼、金属采选、铅蓄电池等行业 15 个重金属污染企业治理工作，有效消减重金属污染物排放；完成 4 个含铬污染物无害化处置项目，消除环境隐患。"

第一节 实施情况

一 2005 年实施情况

《河南省解决淮河海河流域污染较重地区农村饮水安全问题规划方案》涉及的所有项目均全面完成建设任务，解决了重污染地区 965 个村 152.5 万人的饮水安全问题，原定三年解决 800 个村 120 万人饮水安全问题的目标任务仅用一年时间便超额完成。累计完成投资 3.5245 亿元，超出承诺资金 1.1245 亿元。

二 2006 年实施情况

一是重点流域和区域的环境整治。沙颍河等 6 个重点流域应关闭的 30 家企业已全部关闭；123 家深度治理企业已完成治理任务的有 87 家，对其余 36 家依法实施了关闭、停产治理或限产限排。新密、巩义两个耐火材料群区应关闭的 186 家企业已全部关闭；765 家限期治理企业已完成治理任务 615 家，其余 150 家自动关闭或转产。新乡、南阳、许昌 3 个水泥群区应关闭的 79 条水泥立窑生产线已全部关闭。高速公路沿线两侧和风景名胜区周围应关闭的 42 家企业已全部关闭；在应停产治理或限期治理的 208 家企业中，已有 166 家完成了治理任务，42 家依法实施了关闭、停产治理或限产限排。通过实施环境综合整治，过去一些环境污染比较严重的地方，重现了"青山绿地、碧水蓝天"。

二是安全饮水工程超额完成任务。河南省共投入资金5.619 亿元，解决了 154.7 万人的饮水安全问题。

三 2007 年实施情况

一是重点流域水污染治理项目。在重点流域水污染治理方面，关闭重污染企业 1 家，实施停产治理或限产限排企业13 家，实施深度治理企业 41 家；卫河、惠济河、贾鲁河水质综合达标率为 73.9%，达到了省政府确定的水质达标率大于或等于 70% 的要求。在饮用水源地保护方面，关闭重污染企业 1 家，实施停产治理企业 1 家，实施深度治理企业 6 家；全省各省辖市的集中式饮用水源地完成了现状调查和饮用水源保护区规划工作；各省辖市饮用水源地水质达标率为100%，达到或优于地表水三类标准。在重点行业污染治理方面，关闭重污染企业 184 家，实施停产治理或限产限排 37家，深度治理 258 家，形成了消减化学需氧量 1.21 万吨、氨氮 6365 吨、二氧化硫 26.8 万吨的能力。

二是污水处理项目和垃圾处理项目。全省共投资 15.66亿元，建成了 38 个污水处理项目，至此，"在全省所有城市和县城建成污水处理厂"的目标任务圆满完成。需本年建设的 88 座垃圾处理场已全部建成，实现了"在全省所有城市和县城建成生活垃圾处理场"的目标。全省所有市、县（市）均出台了垃圾处理费收费管理办法和标准，并开征了垃圾处理费。2007 年前三季度，城市污水处理费征收率达 84.91%（自备井污水处理费征收率达 69.56%）。

四 2008 年实施情况

一是污染治理。24 家电力企业脱硫工程建设完成 15 家、关闭 8 家、长期停产 1 家；210 家铁合金、刚玉、电石企业的污染治理任务完成 183 家、关闭 22 家、停产治理 5 家。通过对重点行业的污染治理，年削减化学需氧量（COD）约 34 万吨，削减二氧化硫约 14 万吨，全省环境质量得到进一步改善。通过对贾鲁河、惠济河、卫河流域的 71 个项目的综合整治，贾鲁河 COD 和氨氮平均浓度分别比上年同期下降 32.3% 和 43.3%，卫河分别下降 39.5% 和 41.9%，惠济河分别下降 3.2% 和 13.9%，河流水质明显改善。113 个饮用水源地规划编制全部完成，53 个整治项目已完成治理任务 51 个，实施停产治理 2 个，消除了饮用水源地的安全隐患。

二是污水处理厂运营管理。全省已建成的 135 座城市污水处理厂，全部实现了稳定运行、达标排放，年完成污水处理 14.95 亿立方米，削减 COD 总量 43 万吨。污水处理厂配套管网铺设 3777.76 公里。召开了全省污水处理运营管理现场会，制定并实施了污水处理信息系统填报制度等，切实加强了对污水处理厂的运营管理。污水处理费征收机制初步形成，综合征收率超过81%。

三是垃圾处理场运营管理。河南省制定了《河南省城市生活垃圾处理管理办法》，建立了城镇生活垃圾处理场岗位人员职责、定员标准、考核办法等，加强了对城镇生活垃圾处理场的运营管理。2007年建成的88个垃圾处理场全部正常运行，2008年开工建设的20个县级生活垃圾处理场无害化升级改造项目一期工程已全部建成，其中已参加无害化处理登记评定的有14个。

五　2009年实施情况

一是河流环境综合整治。按照省政府确定的2009年河流出境断面水质目标要求和污染减排目标，完成了贾鲁河郑州段、惠济河开封段、卫河新乡段等流域23个项目的综合整治任务。

二是大气污染综合整治。淅川县开展了为期一个月的矾土冶炼专项整治活动，取缔并炸毁非法矾土冶炼窑124座；巩义市米河镇确定的45家大气污染综合整治企业，除3家停产或停产治理外，其余42家的治理任务已全部完成；信阳市明港镇对污染严重企业进行了清理整顿，关闭污染严重的水泥厂、小砖瓦窑、洗浴场所25家，淘汰130立方米小高炉2座和35吨炼钢转炉2座，并完成了烧结机除尘系统改造任务。

三是耐火材料深度治理。陕县棕刚玉企业按照行业污染治理技术要求，进一步规范原料和成品堆放，加强厂区绿化建设，完成了 26 家棕刚玉企业的深度治理任务。在巩义、登封、偃师、禹州耐火材料行业进行综合整治的 180 家企业中，应关闭的 41 家已全部关闭，进行治理的 139 家已全部完成治理任务。

四是规模化畜禽养殖场污染治理。全省完成了 36 家规模化畜禽养殖企业的污染治理任务。

五是自动监控系统建设。全省环境自动监控九大系统已投入资金 2.8 亿元，完成了 80% 的建设任务。其中，省环境监控中心显示系统、全省污水处理厂视频监控系统、省放射性废物库自动监控系统投入试运行；省控地表水责任目标断面水质自动监控站改造项目基本完成；新建的省控责任目标断面和市控县界断面水质自动监控站、饮用水源地水质自动监控站、环境综合整治重点区域空气质量自动监控站、县级空气质量自动监控站、辐射环境质量自动监控站按计划加快建设。

六是村镇环境保护。全省共投入资金 1.62 亿元，完成了 16267 个行政村的绿化工程，占目标任务的 162.7%。全省共投入资金 1769 万元，完成了 357 个村的省级生态文明村创建工作，占目标任务的 119%。

六 2010 年实施情况

一是实施节能产品惠民工程。全省共完成高效照明产品推广 825 万盏，超额完成了国家下达河南省的 818 万盏的推广任务。

二是地表水饮用水源地综合整治。全省确定的 39 个地表水饮用水源地综合整治项目已全部整治到位，地表水责任目标断面 COD 和氨氮达标率较上年明显提升。

三是环境综合整治。黑河、蟒河、安阳河、金堤河流域 28 个整治项目已全部完成整治任务，达到《河南省重点流域水污染防治规划（2010 年）》确定的河流水质目标和省政府确定的 2010 年河流出境断面水质目标要求。平顶山石龙区、义马、渑池和尉氏 79 个整治项目也已全部整治到位。

四是环境自动监控系统建设。全省环境自动监控系统全面完成并启用，共建成 134 个地表水责任目标断面水质自动监控站、14 个饮用水水源地水质自动监控站、210 个环境空气质量自动监控站、15 个重点区域环境空气质量自动监控站、26 个电离辐射和 20 个电磁辐射环境质量自动监控站、17 个重点放射源自动监控站，以及 4 个通道式辐射监测报警系统；完成省、省辖市、县（市）三级监控中心，以及环境质量、重点污染源、辐射环境及省住房和城乡建设厅城市污水处理厂 4 个监控分中心建设；完成 673 套重点污染源自动监控基站更新，建立了"建运一体化"的第三方运行服务体系；建设了环境应急监测与指挥系统；铺设了近千条光纤电路，建立了环境自动监控专网。

五是加强村镇环境保护。全省共创建省级生态文明村

450 个、环境优美小城镇 100 个，分别占全年目标任务的 110.6% 和 121.95%。全省村（镇）绿化工程共完成 8370 个行政村，占全年目标任务的 167.4%；完成造林面积 34.33 万亩，占全年目标任务的 101.97%。

六是乡生活垃圾中转站建设。全省 1020 个乡生活垃圾集运系统已配备到位，部分垃圾集运设备已投入运行。

七　2011 年实施情况

河南省累计投入资金 2.37 亿元，其中财政资金 2.29 亿元，占年初预算的 161.6%。农村环境综合整治如期完成。农村改厕完成目标任务的 117.8%。

八　2012 年实施情况

一是实施农村环境连片整治。在重点示范区域范围内安排连片整治项目 322 个，超出目标任务 22 个，涉及 129 个县（市、区）的约 600 个行政村，受益人口约 180 万人，总投资 50000 万元，其中中央专项资金 25000 万元、省级配套资金 8810.545 万元、市县级配套资金 16189.455 万元。截至 2012 年 10 月底，322 个项目已全部通过验收，投入运行。

二是开展生态示范创建活动。全省全年共创建完成 465 个省级生态村，超出目标任务 13 个；建成 100 个省级生态乡镇，超出目标任务 13 个。

三是农村改厕。原定目标任务为完成农村改厕 26 万户，后根据国家下达的计划调整为 15 万户。截至 2012 年底，全省各地已完成农村改厕 15 万户，全面完成国家下达的改厕任务。

四是对城镇生活污水处理厂和产业集聚区污水处理厂建设、升级改造，以及污水处理管网建设实施以奖代补。全年国家"三河三湖"专项资金共支持河南省淮河、海河流域产业集聚区污水处理厂项目 25 个，以奖代补落实资金 33690 万元，完成目标任务。已建成污水处理厂比上年同期增加了 10 个，在建污水处理厂数目比上年同期增加了 9 个。

九 2013 年实施情况

一是大气污染防治。河南省制订了蓝天工程计划，并提请省政府批准。以环保部正在组织制定新的大气污染物排放标准为依据，河南省研究制定了大气污染物排放地方标准。另外，河南省研究建立了重污染天气监测预警体系，出台了《关于加强重污染天气应急管理工作的指导意见》，省内各省辖市、直管县（市）政府均制定了灰霾天气应急预案。全省 18 个省辖市和 10 个直管县（市）全部安装了细颗粒物监测设施，并向社会公布环境质量监测信息。河南省印发了《河南省重点环保项目推进年活动实施方案》，完成 24 家电厂 25 台燃煤机组脱硝工程，淘汰或改造省辖市建成区天然气和供热管网覆盖范围内所有 10 蒸吨及以下燃煤锅炉 858 台。

二是农村环境保护。纳入十大民生工程的 221 个农村环境连片整治项目和 115 个规模化畜禽养殖企业污染治理项目全部完工。河南省编制了《河南省土壤环境保护和综合治理工作方案（初稿）》与国家土壤环境保护行动计划进行对接。开展土壤环境保护和综合治理示范工作，济源市铅污染土壤修复试点工程的 4 个示范项目全部完成。

三是生态乡示范创建。全省共创建省级生态村 541 个，超出年度目标任务 41 个；创建省级生态乡镇 119 个，超出年度目标任务 19 个；申请财政资金 1800 余万元，对每个省级生态乡镇奖补 8 万元、省级生态村奖补 2 万元，不断夯实美丽乡村建设基础。同时，全省向环保部推荐申报了 10 个国家级生态乡镇、11 个国家级生态村。

四是污水处理厂建设。河南省进一步加快城镇生活污水处理厂和产业集聚区污水处理厂建设、升级改造，以及污水处理管网建设进度，全年新建成污水处理厂 46 座，新增污水处理能力 155 万吨/日，分别完成了年度目标任务的 107％ 和 103％。

第二节 政策分析

一 主要成效

（一）环境治理的范围不断拓宽

2005 年，河南省首先从饮水安全方面着手，保证重点污染地区居民饮水安全。具体措施是：进一步延伸治理河流污染，主要对淮河、海河、卫河、惠济河、贾鲁河等河流进行治理，以保证水源安全。进一步延伸至河流污染的源头，加强对重点污染行业的治理，主要集中在电力、电石、铁合金、刚玉耐火材料、水泥、化肥、医药、矾土冶炼等高污染行业领域。进一步延伸至对污水的处理，主要集中在污水减排、管网建设以及污水处理厂的运营管理三个方面。除了工业污染，生活垃圾也是污染环境的重要方面，对生活垃圾的处理主要集中在垃圾处理场的建设和垃圾无害化升级改造上。随着极端天气和雾霾天气的频繁出现，大气污染的治理越来越重要，主要从工业废气排放整治、雾霾治理和环境监测站建设三个方面入手。随着农产品安全问题逐渐成为社会关注的热点，畜禽的规模化养殖被提上日程，在养殖场发展循环经济，既可提高资源利用效率，又可减少对环境的污染。随着新农村建设的发展，农村环境整治也成为环境治理的重要内容，从村（镇）绿化、生态文明村镇建设、农村改厕、农村环境连片整治、污水处理、垃圾处理等多个方面改善农民生活环境。另外，土壤环境保护也是环境治理中不可缺少的一部分，主要集中在重金属污染治理和土壤修复两个方面。

（二）项目持续进行

饮水安全：从 2005 年开始，河南省确保重污染地区群众喝上干净水、放心水。2006 年解决重污染及高氟高盐等地区 154.7 万农民安全饮水问题。2007 年保护和改善了 133 个集中式饮用水源地水质，确保饮用水源地水质达到或优于地表水三类标准。2008 年加强饮用水源地安全建设，完成 113 个饮用水源地规划编制，对于 53 个不能稳定达标排放和不能满足总量控制要求、影响水源地水质安全的项目，令其搬迁、停产治理或限期治理。2010 年对地表水饮用水源进行综合整治，确保人民群众的饮水安全。

河流治污：从 2006 年开始重点解决沙颍河等 6 个流域的水污染问题。2007 年将卫河、惠济河、贾鲁河作为流域水污染综合整治的重点。2008 年继续加强对贾鲁河、惠济河、卫河流域污染的专项整治。2009 年深化贾鲁河郑州段、惠济河开封段、卫河新乡段等流域环境综合整治。2010 年继续实施环境综合整治，对黑河、蟒河、安阳河、金堤河流域水环境进行整治。2014 年实施碧水工程。

大气污染治理：2006 年，重点解决 5 个群区的大气污染问题。2009 年开展淅川县矾土冶炼污染、巩义市米河镇和信阳市明港镇大气污染综合整治；投入资金 2.8 亿元，加快全省自动监控系统建设。2010 年对平顶山石龙区和义马、渑池城市大气环境进行治理，全面完成全省环境自动监控建设。2013 年加强大气污染防治，制订并实施灰霾天气综合整治计划；建成 9 个省辖市细颗粒物监测设施，年底前适时发布监测结果；完成 24 家电厂 25 台燃煤机组脱硝工程；淘汰或改造省辖市建成区天然气和供热管网覆盖范围内所有 10 蒸吨及以下燃煤锅炉。2014 年实施蓝天工程。

重点污染行业治理：从 2007 年开始，重点治理化工（化肥）、医药、电力等重污染行业。2008 年加强重点行业污染治理，完成 24 家电力企业脱硫工程和 150 家铁合金、刚玉、电石企业的污染治理任务。2009 年深度治理陕县棕刚玉，以及登封、偃师和禹州耐火材料等行业。

污水处理：从 2007 年开始，在全省所有省辖市和县城建设污水处理厂。2008 年加快推进污水处理厂形成减排效能，建成的城市污水处理厂全部实现稳定运行、达标排放；加快污水处理厂配套管网建设和运营管理，完善污水处理费征收机制。2012 年对城镇生活污水处理厂和产业集聚区污水处理厂建设、升级改造及污水处理管网建设。2013 年加快城镇生活污水处理厂和产业集聚区污水处理厂建设、升级改造及污水处理管网建设进度，完成 43 个污水处理厂新建、改建、扩建工程。2014 年加快建设城镇生活污水、产业集聚区污水处理设施，建成污水处理厂 82 座。

垃圾处理：从 2007 年开始，在全省所有省辖市和县城建设生活垃圾处理场。2008 年加强城镇生活垃圾处理场运营管理，争取开工 20 个县级生活垃圾处理场无害化升级改造工程。2014 年加快城镇生活垃圾处理设施建设，新增垃圾日处理能力 3000 吨，推动全省设市城市全部建设污泥无害化集中处理处置设施。

畜禽规模化养殖：从 2009 年开始，完成 36 个规模化畜禽养殖企业污染治理示范工程。2013 年完成 115 个规模化畜禽养殖企业污染治理项目。2014 年完成 34 个规模化畜禽养殖企业污染治理工程。

农村环境整治：从 2009 年开始，河南省投入资金 1.62 亿元，完成了 16267 个行政村的绿化工程，创建了 357 个省级生态文明村。2010 年继续加强农村环保，建立完善农村环保以奖代补、以奖促治机制，创建 450 个省级生态文明村、100 个环境优美小城镇；完成 1020 个乡生活垃圾中转设施建设任务，形成组保洁、村收集、乡运输、县处理的农村生活垃圾处理新机制；继续实施节能产品惠民工程，加大高效照明产品的推广普及，重点在农村居民用户、城市居民用户和市以下政府机构等单位推广。2011 年加强农村环境综合整治，建立完善农村环保以奖代补、以奖代治，创建 456 个省级生态文明村、84 个省级生态镇；开展爱国卫生运动，全省农村厕所普及率提高 1.3%，农村环境卫生进一步改善。2012 年实施农村环境连片整治，完成 322 个中央农村环境连片综合整治项目主体工程；开展生态示范创建，创建 465 个省级生态村、100 个省级生态乡镇；继续开展爱国卫生运动，完成农村改厕任务 15 万户，进一步改善了农村环境卫生。2013 年加强农村环境保护，完成 221 个农村环境连片整治项目；开展生态示范创建，创建 541 个省级生态村、119 个省级生态乡镇。2014 年实施乡村清洁工程。

土壤环境保护：从 2010 年开始，对开封市尉氏县旧金属冶炼行业进行环境综合整治。2013 年开展土壤环境保护和综合治理示范工作，完成济源市铅污染土壤修复试点工程。2014 年加强重金属重点污染源治理。

（三）注重城乡结合治理

生态环境的整体性特征客观上要求政府在进行环境治理上打破行政区域的界限，开展区域间的协同和联动治理。因此，十大民生工程实施以来，无论是饮水安全工程建设、河流治污、大气污染防治、重点污染行业治理，还是污水处理、垃圾处理、畜禽规模化养殖、农村环境整治、土壤环境保护，都涉及城市和农村两个部分，构成了完整的治理空间。随着城市化进程的加快，城市与农村的边界越来越模糊，城市与农村相互辐射的能力越来越强，因此两者缺一不可，缺少任何一个部分，环境治理都无法达到预期的成效。

（四）不断增加资金投入

随着财政实力不断增强，2005～2014年河南省财政资金向环境治理方面的投入逐渐增加。2005年安排专项资金2.4亿元；2006年继续追加投入，实际投入资金5.619亿元；2007年共投资15.66亿元；2009年全省环境自动监控九大系统投入资金2.8亿元，村镇环境保护投入资金1.62亿元，省级生态文明村创建投入资金1769万元；2010年筹措21.1亿元，支持全面建成环境自动监控系统；2011年累计投入资金2.37亿元用于农村环境综合整治；2012年农村环境连片整治总投资50000万元，"三河三湖"专项资金以奖代补落实33690万元。2013年申请财政资金1800余万元，对每个省级生态乡镇奖补8万元、省级生态村奖补2万元。从总体趋势来看，财政对环境保护的投入在持续增加。

二　存在问题

（一）信息渠道不畅

政府在进行十大民生工程项目选择时，首先考虑人民群众的利益，哪些是人民群众最急需的，哪些是当前最需要解决的。由于信息渠道不畅通，最急需解决的事情没有被提上日程。当前十大民生工程环境方面的立项选择主要有以下几个方面：一是经济发展与生态环境矛盾最突出的领域，矛盾已经到了不解决不行的地步，这些矛盾不解决会大量消耗经济发展取得的成果，甚至不利于社会的和谐稳定。例如，重点污染行业的治理问题，对重点污染行业不加以约束、限制和整改，一方面会使污染得不到控制；另一方面容易激起周边居民与污染企业的矛盾，不利于社会稳定。二是关乎公共安全的领域，这类项目直接关乎人民的生活和健康。例如，饮水安全问题、河流治污问题，这些都直接关乎居民身体健康，往往需要优先考虑。三是中央与全国大部分地区普遍关注的领域，需要区域间的协调与合作。例如，随着近几年雾霾天气的日益严重，中央和各地方对雾霾治理都非常重视，资金自然向大气污染治理方面倾斜。四是过去已经开始实施项目的延续，多数民生项目不能在一年内完成，即使当时建设完成，后期的运营和管理也要持续进行。

（二）资金来源单一

河南省十大民生工程环境治理方面的资金基本来自财政。

从当前资金来源结构看，中央和地方资金各占50%，地方资金中省级、县级各占将近50%，市级占比较低。环境治理和环境保护单靠政府的力量是不够的，作为经济社会活动的主要参与者，企业和个人都应对环境有一份责任。因此，环境保护需要政府主导下的全社会共同努力。拓宽筹资渠道，引入民间资本，形成政府主导、企业运作、全民参与的环保筹资机制，才是解决环境治理资金问题的最有效途径。

（三）资金投入不足

从环境治理财政资金投入趋势来看，2005～2013年总体处于增长趋势。但环境治理投入占GDP和财政收入的比重非常低。2005～2008年河南省环境治理投入占GDP比重一直处于上升趋势，但从2009年开始，比重逐年下降。环境治理投入占财政收入的比重与占GDP的比重呈同样的趋势，2005～2008年持续增长，2009年以后持续下降。资金投入不足，导致已出现的众多环境污染问题得不到有效治理。

表9-1 2005～2013年河南省环境治理
投入占GDP、财政收入比重

单位：%

年份	环境治理投入 占GDP比重	环境治理投入 占财政收入比重
2005	0.023	0.376
2006	0.045	0.827
2007	0.104	1.817

年份	环境治理投入 占 GDP 比重	环境治理投入 占财政收入比重
2008	0.120	2.151
2009	0.113	1.954
2010	0.091	1.528
2011	0.086	1.342
2012	0.082	1.196
2013	0.078	1.034

(四) 部门联动乏力

当前，河南省没有形成环境治理一盘棋的良好格局。从横向来看，部门相互之间联动乏力，信息不畅，数据不统一，指标口径不统一，造成项目落实起来容易出现偏差。即使在同一系统内，不同的项目也散落在不同的科室。多头管理和分散管理带来了效率的低下和落实的困难。例如，有的项目在财政部门，有的项目在农业部门，有的项目在教育部门，造成项目在落实和统计中很难沟通和取得完整数据。从纵向看，由于缺乏完整和科学的规划，项目在运行环节上会出现问题。例如，污水处理厂在建成以后，有能力处理污水但没有能力收集污水；垃圾处理场在建成以后，没有垃圾收集项目的建设，这些都使得治理效率低下。随着项目的分散，资金也处于分散状态，分散的资金只能办小事，如果能把分散的资金集中起来办大事，势必会提高环境治理的效率。

第三节　政策建议

一　明确政府定位

市场对环境治理的调节是有限的、低效的，必须加强政府的干预和调控。因此，在环境治理中政府是主导，应该引导全社会参与环境治理和环境保护。

（一）强化政府在环境治理工作上的责任意识

环境问题必须要引起相关政府部门的高度警惕，把环境保护摆到一个更重要的战略位置。政府应该用经济、行政、法律的手段促使社会环保意识转化为环保实际行动，并采用更务实的措施来整顿环境治理秩序，规范环境治理行为。在环境友好型社会的建设过程中，各级政府应清醒地认识到：人口、资源和环境工作关乎经济的健康发展和社会的不断进步，以及最广大人民群众的根本利益。因此，政府要进一步提高在人口、资源和环境工作方面的责任意识。

（二）提高政府执行力

环境治理的关键是政府，环境法律、法规和政策必须由政府依法、有效地执行才能落到实处。因而，地方环境治理的关键在于强化地方政府的责任，制定相关规范，以提高地方政府环境治理的执行力。

（三）加强监管能力

一是运用先进的数字化、自动化技术，整合污染源在线

监控、环境自动监测、突发事件应急预警等系统，实现环境
监测监察现代化和标准化。二是提高环境质量、污染环境要
素监测能力及应急监测能力。三是加强环境监察能力建设，
各级政府加大环境监察大队标准化建设力度，争取全面达到
国家标准化建设标准并通过验收；街道、乡镇设立专门的环
保机构，配备持证上岗的专职环保员，协助监管和处理本辖
区内的环境问题；社区和村建立环保自治组织，制定环保村
规民约，形成覆盖全市的基层环境管理组织体系。

二　完善立项机制

（一）继续保持原有的立项渠道

继续关注经济发展与生态环境矛盾最突出的地方、关乎
公共安全最重要的地方、中央与全国大部分地区普遍关注的
地方，以及过去已经开始实施项目的延续。保持这些渠道的
畅通，以人民群众的福祉为本，切实解决与人民群众利益息
息相关的问题。

（二）开拓新的立项渠道

一是开通专家智库渠道。专家智库作为协助领导科学决
策的"外脑"，可以为党和政府治国理政提供重要的思想产
品与智力支撑。政府应该通过项目可行性论证、项目调研等
方式深入一线，从实际出发，切实了解人民群众的需求，科
学提供决策咨询。二是建立公众参与平台。民生工程主要是
为人民群众办实事、办好事，因此除了政府的主导，公众的

参与也是必不可少的。可以利用现代信息技术，运用电子政务公开平台、微博、微信、电子邮箱等征集环保治理项目，加强双方信息沟通，保持信息对称，只有这样才能真正为人民群众办实事、办好事。

三　拓展融资渠道

环境问题的解决必须要加大经费的投入力度。河南省要抓住国家投资基础设施及生态建设重点的机会，规划好重点项目，扎实做好重点项目的前期准备工作，争取得到国家资金的支持。同时，各地方要积极推进环境基础设施的产业化、污染治理的市场化，以"保本微利"为原则，保障投资有一定的回报，吸引社会各类投资主体积极参与。另外，还要建立以地方政府为主导的多元化投资机制，提高社会公众和组织的环保投资占比，以逐步形成投资主体多元化、运营主体社会化、运行管理市场化的新格局，坚持"谁污染谁治理""谁受益谁补偿""谁破坏谁恢复"的原则，通过加大对企业排污的管理，督促那些产生污染的企业投入足够的资金用于污染防治。而政府主管部门也要严格遵照国家环境保护的法律法规，利用行政手段、经济手段，为政府积累环保专项资金。

四　完善软环境

（一）优化产业结构

高投入、高消耗、高污染、低效率的粗放型经济增长模式造成了资源、能源供给压力加大，以及区域性环境污染严重，成为经济又快又好发展的羁绊。相对于第一产业和第二产业，第三产业提供的产品主要是服务，其消耗的能源和资源非常少，而且能够提供较多的就业岗位，有利于社会稳定。第三产业的壮大，能够降低经济发展对工业增长的过度依赖，减少经济发展对资源、能源的消耗，实现经济增长的低碳化、集约化。

（二）调整能源结构

煤炭、石油、天然气等化石能源的含碳量较高，而生物质能、风能、太阳能等则是低碳或无碳能源。受当前生产力发展的影响，化石能源的竞争优势还在；受技术条件和成本的约束，新能源的发展还处于起步阶段。因此，调整能源结构是当前经济发展的必然选择。一方面，提高能源使用效率，通过技术升级和设备改造，按照清洁、高效、充分利用的原则，将化石能源转化成燃烧更充分、更清洁的气体燃料；另一方面，开发可再生能源，在农村大力发展沼气池，用沼气替代煤炭等传统能源。

（三）加大对重点污染行业的治理

对现有工程减排项目进行定期和不定期检查，对闲置污染防治设施、偷排和漏排的企业依法予以打击，确保工程减排项目发挥减排效力。对重点污染行业企业开展专项整治，对一些环境污染严重、经济效益低且不按照相关环保政策治污的企业予以关停，对一些没有购置或闲置排污设施的企业进行停产治理或限期整改。

（四）税费改革

2015 年，国家税费改革的重点锁定了增值税、消费税、资源税、环境保护税、房地产税、个人所得税六大税种。消费税和资源税改革的重点在于调解环境保护与经济发展的矛盾。2015 年，国家把高耗能、高污染产品及部分高档消费品纳入消费税征收范围，组织实施煤炭资源税费改革，将煤炭资源税计征办法由从量征收改为从价征收，并适当提高税率。根据国家的税费改革方针，河南省制定了《河南省煤炭资源税从价计征改革实施办法》，加快了资源税改革。另外，河南省加快了排污费向环保税的转变。排污费变为环保税，使得环境治理的财政支出更有保障，有助于提升社会公众的环境意识。

（五）加强对居民的低碳化导向

一是加快人居环境低碳化建设。继续打造优美宜居的生态村镇，从生态村镇的实际情况出发，按照产业特点，以旅游、商贸或特色产业为主导，对生态村镇的发展进行功能定位。在住房建造中，要使用绿色节能建筑材料，降低建筑工程中二氧化碳的排放量。同时，居住区的供水、供电、供暖都要进行合理设计，以节能环保、资源循环利用为设计重点。另外，对污水的集中排放与处理、垃圾的收集与清运都要进行合理布置，减少居民生活造成的环境污染。加快生态景观建设，继续开展全民义务植树活动，美化居住环境。推广使用清洁能源，如利用太阳能热水器取代天然气热水器，用生物质能源发电替代煤炭发电，大力推进沼气工程的建设，改造传统柴灶和土炕。

二是加强消费行为低碳化引导。通过正面的宣传、教育和引导，培养居民低碳消费意识，倡导科学合理的消费生活，通过生活消费理念和方式的改变引导生产模式的变革。例如，鼓励居民选择步行、骑自行车或乘公共交通工具出行，使用节能节水节电产品，减少或不使用一次性商品，将绿色消费理念和行为体现在工作和生活的各个方面。

（执笔：李婷婷）

第十章 公共安全

背景资料

2008 年

河南省承诺："强化食品、药品质量监管，实施食品放心工程，开展食品安全专项整治，及时查处食品、药品质量安全违法违规案件，使全省城市、农村食品抽检合格率分别提高 1 个百分点和 2 个百分点。鼓励药品连锁和集中配送向农村发展，筹措资金建设农村药品监督网和供应网。"

2009 年

河南省承诺："对年产能力 30 万吨以下的煤矿进行停工停产以及复工复产验收。建成 14 个县级农产品质量安全检验监测站、农业部肉牛羊质量安全监督检测中心、省农产品质量安全监督检测中心和省粮油、漯河肉制品、商丘面粉等 3 个国家级食品质量监督检验中心。建设 17 个市级食品药品检验所。深入开展整顿和规范市场秩序专项行动以及质量和安全年活动，以创建食品安全省为抓手，以创食品安全优秀城市和食品安全示范县活动为载体，以整顿规范奶制品生产流通秩序为突破口，开展食品药品安全大检查，全面排查安全隐患，坚决杜绝不合格产品进入市场，力争全省城市、农村食品市场抽检合格率比上年分别提高2个和3个百分点。"

2010 年

河南省承诺：（1）全面启动安全河南创建活动，全力推动安全生产源头治理，继续强化烟花爆竹、煤矿等重点领域治理整顿，开展道路交通和消防安全专项整治，坚决遏制重特大事故发生。（2）深化农村平安建设。所有乡镇（街道）全部建立社会治安综合治理工作中心，配齐配强工作人员；乡镇（街道）、行政村技防设施实现全覆盖，农户技防设施安装率在90%以上。（3）继续开展食品安全专项整治，突出抓好添加剂和食品原料整顿，坚决杜绝不合格产品进入市场，力争全省食品监督抽查合格率提高15%。

2011 年

河南省承诺：第一，加强食品药品安全监管。（1）加大食品安全监管力度，继续深入开展食品安全专项整治，做好风险监测和预警，全省食品质量监督检查和风险监测合格率较 2010 年提高 1 个百分点以上，确保食品质量安全。（2）深化药品安全专项整治，全省药品质量评价性抽检合格率保持在97%以上，保障人民群众用药安全。第二，推进安全河南建设。（1）推进乡镇（街道）综治工作中心规范化建设，整合资源，构建集矛盾纠纷排查调处、治安防控、法律服务援助、流动人口服务管理、特殊人群帮教管理、社区矫正等功能于一体的便民利民工作平台，90%以上的综治工作中心达到规范化建设标准。加强综治工作信息化建设，50个县（市、区）建成省、市、县、乡信息网络系统。在人口较多的乡镇（街道）设立流动人口服务管理站。（2）继续完善和加强治安防控体系建设，80%的县（市、区）、90%的乡镇（街道）完成视频监控系统的升级改造，建成10000个村（社区）的视频监控平台，推进村（社区）警务战略，80%的村（社区）警务室达到二级以上警务室标准，县城区、乡（镇）建设专职治安巡逻队。（3）加强基层矛盾纠纷排查调处，每个村（社区）配备综治协管员和民调员各1名。（4）深入推进重大事项社会稳定风险评估工作，以企业改制、征地拆迁、涉农利益、教育医疗、环境保护、安全生产等容易引发社会稳定问题的领域为重点，在省、市、县三级建立重大社会决策、重大工程项目社会稳定风险评估机制，确保重大项目、重大决策的风险评估率达100%。（5）切实加强安全生产，全民启动安全河南创建活动。实施安全素质提升工程，全力提高全民安全素质、从业人员安全技能和安全监管检查人员执法水平；强化主体责任落实，加大公共安全投入，深化整治攻坚，严格打非治违；突出抓好重点行业领域安全监管检查，有效防范和坚决遏制重特大事故发生，确保事故总量有所下降，全省安全生产总体形势持续稳定好转。

2012 年

河南省承诺：（1）加强和创新城乡社区社会服务管理。整合城乡社区社会管理和公共服务资源，构建综合服务管理平台，以建立"一办两队三中心"（综治办、治安巡防队、人民调解队、群众诉求服务中心、治安防控中心、行政便民服务中心）为重点，加强服务设施建设，完善新型管理服务体制，健全多元投入和运行经费保障机制，显著提升社区社会管理和公共服务水平。（2）加强社会管理信息化建设。建立覆盖全省、动态管理、联通共享、功能齐全的社会管理综合信息系统，不断提升社会管理信息化水平。年底前，县级建成局域网，基本实现互联互通。在市、县推行民生"110"服务平台建设，整合服务资源，方便快捷地处理群众反映的民生问题。（3）切实加大食品安全监管力度，深入开展豆制品、乳制品、肉制品等重点产品质量安全监督抽查、风险监测和专项整治，继续加大对非法添加物等的查处力度，积极推行先进质量管理体系，切实落实企业主体责任，努力提高食品生产企业质量安全防控能力。各省辖市、县（市、区）要将食品质量安全抽查和检测经费列入本级财政预算，确保食品质量安全。加大对兽药、饲料及畜产品质量安全的监督检查力度，加强对生猪屠宰环节肉品质量安全的监督管理，支持中小型屠宰企业标准化改造。每个省辖市抽检餐饮食品500 批以上，每个县（市、区）抽检餐饮食品200 批以上，餐饮单位量化分级管理率达100%。（4）深化药品安全专项整治，改造升级一批药品检验所，加强全省药品质量抽检，保障人民群众用药安全。

2013 年

河南省承诺：（1）加强和创新社会管理。整合基层社会管理和公共服务资源，充分发挥信息化手段在社会管理创新中的作用，普遍建立和完善以"一办两队三中心"为基本架构的城乡社区综合管理服务平台，不断提升社会管理信息化水平和公共服务水平。（2）加快构建公共检验检测平台体系。充分利用全省检验检测机构现有基础，新建、改扩建16个省级质检中心，引领带动全省检验检测机构协同发展，形成布局合理、分工明确、资源共享、优势互补的公共检验检测平台体系。（3）切实加大食品安全监管力度。深入开展食品非法添加和滥用食品添加剂专项治理行动，集中开展小作坊、小摊贩专项整治，深入实施乳制品、肉制品、豆制品、蔬菜"四大放心"工程，启动实施食品安全放心主食工程，在全省范围内开展达标创优工作，严厉打击食品安全违法犯罪，提高大宗消费食品质量安全保障水平。加强综合性食品安全抽验和检测，严格落实企业主体责任，每个省辖市抽检餐饮食品500批以上，每个县（市、区）抽检餐饮食品200批以上，餐饮单位量化分级管理率达100%。

2014 年

河南省承诺：（1）加强和创新社会治理。加快推进基层综合服务管理平台建设，市、县、乡镇三级建立统一的综合服务管理平台，在城市社区和有条件的村全面推行网络化管理，做好矛盾纠纷化解、治安防范、便民服务等工作。加快社会综治平安信息化建设，提升社会治理水平和效能。

（2）实施食品安全示范创建工程，创建一批省级食品安全示范省辖市、示范县（市、区）、示范街（市场）、示范生产经营单位，形成多层次、全方位、全业态的食品安全示范群体。

（3）加强食品药品专项整治和综合性抽验检测，严厉打击食品药品违法犯罪行为；生产、流通、消费环节食品抽检3万批以上，药品、医疗器械、保健食品、化妆品抽检2000批以上。

（4）推进食品药品安全保障体系建设，加强食品安全检（监）测能力建设，加快构建覆盖食品生产、流通、消费等环节的食品安全检验检测体系。（5）大力开展法律援助活动，为困难群众免费提供法律援助、诉讼代理，努力做到应援尽援，全省全年办理法律援助案件7万件以上，办理刑事法律援助案件2万件以上，提供咨询服务45万人次以上。（6）在全省深入推进重大决策社会稳定风险评估工作，凡涉及征地拆迁、农民负担、国有企业改制、环境影响、社会保障、公益事业等决策事项，做到应评尽评，切实从源头上预防和减少不稳定问题发生。

第一节　实施情况

一　历年十大民生工程涉及的与公共安全有关的内容

从表10-1可以看出，每年河南省财政支持十大民生工程涉及内容不尽相同，从整体趋势看，涉及内容越来越多，其中，食品安全问题 2008～2014 年每年都有所涉及；药品安全问题有 6 年涉及；生产安全问题在 2009～2011 年有所涉及。2014 年，十大民生工程又增加了大力开展法律援助的内容。政府在全面关注社会治安（城乡社区社会管理和公共服务）的同时，对由征地拆迁、农民负担、国有企业改制、环境影响、社会保障等重大事项带来的社会不安定因素也越来越重视。

表 10 - 1　历年十大民生工程涉及的公共安全问题

年份	食品安全	药品安全	生产安全	社会治安（城乡社区社会管理和公共服务）	重大事项社会稳定风险评估	大力开展法律援助
2008	√	√				
2009	√	√	√			
2010	√	√		√		
2011	√	√	√	√	√	
2012	√	√		√		
2013	√			√		
2014	√	√		√	√	√

二　历年十大民生工程中公共安全方面的实施情况

（一）食品安全方面

从表 10 - 2 可以看出，在食品安全方面，十大民生工程在执行过程中主要注重三个方面：（1）建立食品质量安全检测机构，给消费者提供更为充分的信息。（2）对市场上出售的食品进行抽检，以督促食品生产企业自律。（3）对食品生产企业的生产环境和卫生标准进行突击检查。

表 10 - 2　历年十大民生工程解决食品安全问题的实施情况

年份	手段	项目
2008	抽检	对全省城乡市场 12 个重点品种的 2112 个批次食品进行暗访抽检,城市、农村食品抽检合格率分别比 2007 年同期提高 5.37 个百分点和 11.29 个百分点
	其他	妥善应对了问题奶粉事件,确保了河南省的奶制品生产安全
2009	质检中心建设	(1)县级农产品质量安全检测站建设共投资 2604 万元,完成了 14 个县级农产品质量安全检测站的建设任务。(2)省级农产品质量安全检测中心建设 1945 万元项目资金已全部到位,并进行了仪器设备招标。(3)农业部肉牛羊质量安全检测中心建设共投资 1835 万元,完成了分子生物学实验室、普通实验室、样品留样室、ICP-MS 净化室及气路的建设和改造工作,并新安装了实验室信息管理系统。(4)省粮油制品质量检验中心建设投资 1400 万元,对 1000 平方米的实验室进行了改造,并购置了一批先进仪器,已获得国家授权并投入使用。(5)漯河肉制品质量检验中心建设投资 3400 万元,建成了 7100 平方米的检测大楼和技术交流中心,已获得国家授权并投入使用。(6)商丘面粉质量检测中心建设投资 3600 万元,建成了 5500 平方米的实验大楼,已获得国家授权并投入使用
	抽检	全省食品市场抽检数据显示,城市食品市场抽检合格率为 87.28%,农村食品市场抽检合格率为 90.47%,分别比上年提高 3.95 个百分点和 8.26 个百分点

年份	手段	项目
2010	抽检	全省食品安全风险监测共检测食品样品 13990 份,涉及食品种类 29 类、检验项目 33 项。检测结果表明,全省蔬菜检测平均合格率为 98.7%,生鲜乳抽检合格率为 100%,县级以上城市生猪定点屠宰率达 100%,乡镇定点屠宰率在 95% 以上
2011	抽检(郑州)	郑州市区批发市场、农贸市场、超市、专卖店等场所农产品质量检测合格率达 100%;县、市、区市场检测合格率达 100%;全市农产品生产基地检测合格率达 95%,乡镇市场农产品检测合格率达 92%
	抽检、抽查(驻马店)	(1)全市共监督检查企业 1658 家次,发现问题 493 个,整改 493 个。共出动执法人员 922 人次、车辆 263 台次,检查企业 403 家次。(2)查处无证生产企业 13 家,查封无证生产小麦粉和大米 2.1 吨,查封过氧化苯甲酰和过氧化钙 2.2335 吨,查封含过氧化苯甲酰小麦粉 2.875 吨,抽样检验食品 170 批次,书面责令整改企业 67 家,立案查处案件 17 起。对原料乳粉和成品乳粉 100% 进行抽检。共抽检原料乳粉 8 批次,合格 8 批次;每周对乳制品企业的成品乳粉进行抽检,共抽检成品乳粉 23 批次,合格 23 批次
2012	抽查(平顶山)	平顶山市共检查各类食品企业 2 万余家次,查处不符合食品安全标准食品案件 1200 起;查处销售非食用物质及滥用食品添加剂案件 6 起;抽检兽药 370 批次,合格率为 98.5%;抽检饲料 212 份,合格率为 98.6%。60 家养殖企业通过无公害畜产品认证。查处私屠滥宰窝点 8 个,收缴非法屠宰肉品 610 公斤。投入 350 万元支持中小型屠宰企业进行标准化改造
	抽检(平顶山)	平顶山市抽检餐饮食品 550 批次,每个县(市、区)抽检餐饮食品 230 批次,食品卫生监督量化分级管理实施率达 100%;县级以上城市餐饮单位原料进货索证制度建立率达 100%,全年无群体性食物中毒事故发生

年份	手段	项目
2013	质检中心建设	共在各地产业集聚区新建省级质检中心 26 个,超出年度目标任务 10 个,其中 12 个已通过专家验收并批准正式成立。另外,新批准筹建省级质检中心 12 个,并对 16 个基本建成的省级质检中心给予了 1600 万元的设备购置补助资金
	抽查	进展了供宰动物备案养殖场集中清查等活动,集中开展了小作坊、小摊贩的专项整治。共查处各类食品犯罪案件 4678 起,破案 4324 起,抓获犯罪嫌疑人 5836 人,刑事拘留 4052 人,捣毁窝点 2137 个,摧毁团伙 239 个,涉案价值达 4.05 亿元
	抽检	全省共完成餐饮服务环节监督抽检 51187 批次,其中省直部门完成抽检 3762 批次,省辖市完成抽检 11361 批次,县(市、区)完成抽检 36064 批次,均超额完成目标任务。全省对 91781 家餐饮服务单位实行量化分级管理,量化分级管理率达 100%

(二) 药品安全方面

河南省十大民生工程在药品安全方面的实施情况如表 10 - 3 所示。

表 10 - 3　历年十大民生工程解决药品安全问题的实施情况

年份	手段	项目
2008	药品供应	省所有乡镇都建立了药品供应网点,97.2% 的行政村实现了药品配送进村,农村群众用上了安全、方便、价廉的药品
	质量监督	药品监督网络已覆盖所有乡镇和行政村,基本形成了由地方政府负责、以食品药品监管部门监管为主、以农村协管员和信息员等社会监督为辅的农村药品监管体系

续表

年份	手段	项目
2009	检测平台建设	市级食品药品检验所建设全省共投入资金 1156 万元,开工建设了 17 个市级食品药品检验所,其中洛阳市、三门峡市食品药品检验所已投入使用
2010	非药品冒充药品专项整治	组织开展非药品冒充药品专项整治活动,共出动执法车辆 13092 台次、执法人员 34705 人次,对 18382 家药品经营单位进行了专项检查,查处涉嫌非药品冒充药品产品 8159 种次
	违法药品广告整治	省药监局共监测违法药品广告 926 件,发布违法药品广告公告 12 期;省工商局定期召开媒体告诫会和报纸广告发布互评座谈会,向媒体发出整改发布通知书 210 份、停止发布通知书 147 份;省广电局撤销、替换、整改违法药品广告 20 余条;省通信管理局依法关闭违法发布药品信息网站 8 家
	假劣药品整治	严厉打击制售假劣药品违法行为,移送司法机关制售假劣药械大案要案 96 起,刑拘 84 人
2011	抽检(郑州)	共抽验国家基本药物 49 批次、省增补基本药物 27 批次,全年对生产企业共实施监督检查 17 次,其中,突击检查 6 家次,对存在问题的 2 家企业下达了责令整改通知书。对 135 家医疗器械经营企业进行了 285 次现场监督检查,对 109 家重点监控经营企业进行了突击性检查 210 次,监督检查覆盖率均达 100%。出动执法人员 12593 人次、车辆 3007 台次,对全市 62 个县级以上医疗机构、172 个乡镇卫生院、9 家药品生产企业、17 家药品批发企业、893 家零售药店、4456 个基层持证诊所进行了一次以上的日常监督检查,监督检查覆盖率达 100%。共受理群众举报、投诉 115 件,核实 115 件,核实率为 100%;共接协查函 144 件,办结 114 件,回复率为 100%;完成全市药品抽样 1711 批,其中 414 批不合格,全市基本药物流通环节完成抽样 210 批,其中 3 批不合格,并对不合格药品全部进行了立案查处。加大了对无证经营药品、医疗器械的查处力度,全市共查处无证经营和超范围经营药品、医疗器械单位 17 家,依法取缔无证经营单位 14 家

年份	手段	项目
2011	对生产企业跟踪检查和日常检查（郑州）	对全市 10 个通过 GMP 认证的药品生产企业的跟踪检查和日常检查覆盖率达到了 100%。全年跟踪现场检查发现一般缺陷项目 68 项,对 9 家企业下达了《药品 GMP 认证跟踪检查意见》,责令其限期整改,并对整改情况进行现场复核
2012（平顶山）	日常监督检查	监督检查涉药单位 3615 家,覆盖率达 100%
	抽检	完成药品抽检 842 批次,药品安全评价性抽验合格率保持在 97% 以上
	处罚	查处违法违规案件 1126 起,移交司法机关案件 1 起,罚没款入库 114.6 万元,责令停业整顿 2 家,吊销《药品经营许可证》2 家

（三）生产安全方面

河南省十大民生工程在生产安全方面的实施情况如表 10 - 4 所示。

表 10 - 4　历年十大民生工程解决生产安全问题的实施情况

年份	手段	项目
2009	检查验收	抽调 534 名专业检查人员,组成 27 个全省停工停产煤矿检查验收组,对 716 家 30 万吨及其以下煤矿进行了检查验收
	整顿	确定了 152 座复工复产矿井、530 座停工停产整改矿井和 34 座关闭退出矿井
2010	重点整治	对煤矿、金属与非金属矿山、危险化学品、烟花爆竹等重点领域非法违法行为进行了严厉打击,确保了全省安全生产形势的总体稳定
	总体伤亡事故	全年共发生各类伤亡事故 11228 起,死亡 2371 人,事故起数和死亡人数同比分别下降 3.4% 和 7.6%

（四）社会治安（城乡社区社会管理和公共服务）方面

河南省十大民生工程在社会治安（城乡社区社会管理和公共服务）方面的实施情况如表10-5所示。

表10-5　历年十大民生工程解决社会治安（城乡社区社会管理和公共服务）问题的实施情况

年份	手段	项目
2010	综治中心建设	全省2358个乡镇（街道）全部建立了社会治安综合治理工作中心,共配备专职副主任2373人、其他专职工作人员8216人
	治安巡防队建设	全省所有乡镇（街道）均建立了由政府保障的不少于10人的专职治安巡防队,共组建专职巡防队3120支,总人数达50138人
	监控视频安装	乡镇（街道）、行政村技防设施安装基本实现全覆盖,农户安装率达92.96%
	矛盾纠纷排查调处工作机构建设	全省18个省辖市的158个县（市、区）全部建立了矛盾纠纷排查调处工作机构,共排查矛盾纠纷26.37万件,调解25.7万件,化解率为97.46%
	机关干部下基层	省、市政法部门共抽调机关干部1570人到基层帮助开展工作
	平安建设	开展平安校园、平安单位、平安社区、平安乡镇、平安村组、平安家庭、平安楼院创建,全省89.96%以上的乡镇（街道）和88%以上的行政村达到了创建标准
2012（平顶山）	健全基层社会治理机构	按照"一委一居一站一办"管理创新模式,建立健全社区党组织、社区居委会、社区工作站、社区综治办
	网格化社会服务	按照300户1000人的标准,将城市社区合理划分为若干网格单元,实施以专职网格管理员为主体的一格多员管理体系

续表

年份	手段	项目
2013	一办两队三中心建设	全省158个县（市、区）的2399个乡镇（街道）基本建立和完善了以"一办两队三中心"为基本框架的乡镇（街道）社会服务管理中心或综合服务管理平台，形成了协作配合、精干高效、便民利民的"一站式、一条龙"管理服务平台，充分发挥了其在打击预防犯罪、巡逻防范、治安整治、重点人群管理、矛盾纠纷排查调处、基层平安创建等方面的作用

第二节　政策分析

一　主要成效

第一，纵向比较来看，十大民生工程在公共安全方面涉及范围越来越广。十大民生工程在2008年以前，并未涉及公共安全问题，随着食品安全和药品安全事件频发，从2008年开始，河南省将公共安全问题列入十大民生工程，并逐渐从食品药品安全领域扩展到生产安全、城乡社会管理、重大事项社会稳定风险评估、法律援助等方面。

第二，横向比较来看，相对于其他省份而言，河南省对公共安全问题给予了足够的重视，目标制定得更为详细和具有可操作性。据课题组调查，近年来全国各地纷纷推出民生工程建设，但很多地区并未将公共安全建设列入工作范围，有些省份如贵州虽将公共安全问题列入了民生工程，但其涵盖范围较小，制定的目标比较粗略。相比较而言，河南省对公共安全建设更为重视，涉及范围更广，目标制定得更为详细。

第三，公共安全涉及的问题影响广泛，是迫切需要解决的问题。随着近年来公共安全事件频发，公众的不安全感越来越明显，需要解决的公共安全问题也越来越多，十大民生工程在制定公共安全目标时，注重了以下几方面内容：（1）集中解决涉及面广的问题，如食品安全和药品安全问题，这事关每一个人的利益；（2）优先解决比较敏感、表现比较尖锐的问题，如由征地、国有企业改制等重大事项带来的社会风险；（3）有所取舍，如从2012年开始，河南省不再将生产安全问题列入民生工程，更多地依赖企业自身和行业自律组织来对企业进行监管。

第四，河南省的公共安全指数逐年提高，公共安全状况明显改善。从2000年开始，国家统计局每年都对各个省份的公众安全指数进行调查，2003年，河南省公众安全指数只有60%，排名比较靠后。从2008年开始，河南省把公共安全问题列入十大民生工程，当年河南省的公众安全指数就比2007年明显提高，提高了3.04个百分点，居全国第一名，并在其后的2009年、2010年连续提高，蝉联全国第一名（见表10-6）。

表10-6 历年河南省公众安全指数

单位：%

年份	2003	2007	2008	2009	2010	2011	2012~2014
公共安全指数	60	90.30	93.34	94.01	95.04	95.06	大于95

资料来源：国家统计局网站。

第五，食品安全、药品安全、社会治安问题都得到了明显改善。在食品安全方面，从 2008 年开始，河南省将食品安全问题列入十大民生工程，当年食品抽检合格率就比 2007 年大幅提高。2010 年以后，河南省每年的食品抽检合格率均维持在90%以上（见表 10 - 7）。在药品安全方面，河南省构建了覆盖面广的药品供应网络和药品监督网络。在安全生产方面，2002 ~ 2013 年，河南省生产安全事故发生数及伤亡人数连续实现双下降。

表 10 - 7　历年河南省城市、农村食品抽检合格率

单位：%

年份	2007	2008	2009	2010	2011	2012
城市	77.96	83.33	87.28	90.2	92.1	91.3
农村	70.92	82.21	90.47			

注：从 2010 年开始，报告中只公布整体抽检合格率，不再做城市、农村之分。

资料来源：河南省质量技术监督局和国家质量监督检验检疫总局网站。

二　存在问题

（一）财政投资方面

（1）很多建成项目使用率低，未发挥应有的作用。如2010 年河南省审计厅发布了全省农产品质量安全检测体系建设项目专项审计调查结果，审计发现：省农产品质量安全检测中心建设进展缓慢，从 2009 年开始建设至 2010 年 8 月，仍未投入使用。县级农产品质检站建成后多数没有运转，基

本在"赋闲"，在审计调查的 9 个已完工并可投入使用的项目中，除了济源市农产品质检站外，其余 8 个县级农产品质检站只进行了一些简单的农产品残留农药速检，主要设备尚未启用。个别地方存在配套资金未足额到位、挤占挪用项目建设资金和财务管理不规范等问题。如审计发现 149.25 万元的市县级配套资金未被落实；省农产品质量安全检测中心挪用项目资金 446.4 万元，用于省农业厅新办公楼建设；尉氏县农产品质检站挤占挪用项目专项建设资金 19.62 万元，购置北京现代轿车一辆；息县农产品质检站挤占挪用项目专项建设资金 0.71 万元，用于发放项目仪器设备验收人员补助。

（2）财政投资方向比较单一。如在食品药品安全监管方面，投资主要用于检测平台的建设及食品药品抽检；在社会治安方面，投资主要用于"一队两办三中心"建设、网格化社区治理。上述投资都以"严防、监控"为主，没有从积极、正面的方向入手。如在食品药品安全建设方面，缺乏帮助企业提高生产条件、提高企业自身检测能力、奖励表现突出企业的措施；在社会治安方面，缺乏建立社区心理档案、请专业人士通过举办讲座等形式对社区居民进行心理疏导等措施。

（3）十大民生工程中解决公共安全问题的举措主要以"监管"为主，忽视了"政府企业共建"。公共安全问题在财政支持的十大民生工程中具有一定的特殊性。公共安全问题的解决相对而言具有间接性，如安全的食品、药品和安全的生产条件等，政府不可能直接为公众提供，政府能做的是对生产企业进行监管，使企业为公众提供安全的食品、药品与工作环境。但以往的十大民生工程公共安全建设的手段缺乏"政府企业共建"的模式，政府没有通过财政投资解决企业的资金困难问题。

（4）公共监管体系的建设主要以财政投资为主、以政府监管为主，缺乏民间资本的参与及对民间监管力量的发动。如河南省农产品质量安全检测中心质检科，其职能主要是"全省农产品质量安全发展规划的制定，全省农产品质量安全例行监测、专项监测，应急监测方案的制定，以及全省农产品质检体系的业务指导和管理"。这种监管是自上而下的，覆盖面有限，仍然给抱有侥幸心理的生产者留下了钻空子的机会。相对于政府自上而下的监管而言，群众的监管是无处不在的，对生产者来说更有威慑力。

（5）公共安全目标的制定未突出对弱势群体的保护。虽然每一个人都面临公共安全问题的威胁，但相对来说，某些特定的群体更容易受到侵害，如妇女、未成年人、低收入人群，但河南省在制定公共安全建设目标时，并未突出对弱势群体的保护。

（二）传导机制方面

公共安全建设与十大民生工程的其他工程建设不同，因为政府无法像提供教育、医疗等公共产品一样，直接给公众提供安全的食品与药品、安全的生产环境。安全的食品、药品不属于公共产品，这些东西只能靠政府监管，由企业直接提供，所以财政投资必须通过中间的传导机制才能达到预期的效果。但目前十大民生工程公共安全建设的传导机制存在很多问题，以食品安全为例，列举如下。

（1）保证十大民生工程公共安全建设项目效果发挥的法律法规不完善。第一，我国现行法律法规条文的可操作性较差。第二，食品安全法律的协调性较差。在法律制定的过程中，各个部门之间缺少沟通，难免存在分歧冲突。例如，销售检疫不合格或者未检疫的肉类产品，我国就有几个不同的执法依据。第三，现行法律体系对食品安全的违法者处罚力度过小，难以起到必要的惩戒作用。

（2）监管主体配置不协调，导致十大民生工程项目的后期管理主体缺位。我国现行的食品安全监督管理工作由国家和地方政府共同负责、共同完成。如食品和药品安全问题，涉及农业部门、工商管理部门、食品药品监管部门、质量技术监督部门，始终没有把"从农田到餐桌"的全过程归于一个部门管理，这些不同的机构在全省的市级、县级区域都分别设有相应的垂直管理机构，导致在十大民生工程的项目建成后，后续管理和考核工作没有明确的管理主体。

第三节　政策建议

经过历年十大民生工程在公共安全方面的财政投资，河南省的公共安全问题得到了一定的缓解，但随着社会和经济的发展，在新的形势下，财政在解决公共安全问题的投资方向上需要进行进一步的完善和调整。课题组结合前面的分析，对今后财政投资公共安全建设的方向给出了如下建议。

（1）建立覆盖面更广的常规化监管体系。如在食品安全方面，应加大财政投入，建立信息管理及技术管理系统。针对我国食品安全可追溯制度配套服务体系不健全的问题，各级政府应加大财政投入力度，一方面搭建包括食品产地编码、生产档案、产品标识和其他可追溯信息在内的信息资源库，实现各级政府、各类食品企业信息的互通共享，及时掌握食品安全动态信息；另一方面制定统一的操作规则，建设信息管理系统，确保可追溯系统更合理、有效地运行。

（2）构建民众广泛参与的多元化监管体系。应该开设专门机构、热线、信箱，用来处理群众反映的公共安全问题。政府也可支持发展"商业性的第三方监管机构"，广泛动员社会力量和社会资本参与监管。

（3）改变单纯以"监管"为主的公共安全建设模式，发展以"政府企业共建"为主的公共安全建设模式。改变单纯以"罚"为手段的治理模式，构建"奖罚结合"的治理模式。政府财政应支持各行业成立行业协会，实行行业自律，开展评优评先，对表现突出的企业给予相应的奖励。

（4）在社会综合治理方面应注重"预防"而非"善后"。近年来，全国范围内恶性治安事件频频发生，大部分是由于某些个人因受到不公平待遇而产生了仇视社会、报复社会的不健康心理。课题组建议依托前期建立的网格化管理体系，建立社区居民心理档案，定期举行心理讲座，设立心理咨询热线，让产生不健康心理的人有正常的发泄和疏通渠道，防止其引发恶性事件。

（5）完善对十大民生工程建设项目的前期评价和后期管理体制。如前所述，很多项目在建设过程中存在挤占挪用资金的现象，即使项目如期建成，也会出现"只建不用"的情况。因此，建议十大民生工程建立前期效益预测和后续管理与评价体系。在项目建设之前，对其社会效益进行预测，对其可行性和必要性进行分析；在项目建成之后，对项目使用情况进行后续监测，如果项目未发挥预期作用，及时排查原因。

（6）部门联动，疏通公共安全建设的传导机制，保证十大民生工程项目建设的效果。如果传导机制不畅通，即使监管体系再完善，也解决不了问题。因此，在强调增加财政投资的同时，应该加强部门联动，疏通公共安全建设的传导机制。

（执笔：李　瑛）

第十一章　十大民生工程的
政策执行研究

政策论研究者托马斯·戴伊认为，公共政策使政府选择作为或不作为的行为。[①] 政策过程论者认为，公共政策的制定、执行、反馈、评估、终结是一个动态过程，其中政策执行尤为关键，甚至有的学者认为，公共政策执行涵盖了其他几个环节，公共政策的执行一直是公共政策研究的重点。就中国行政管理的现实而言，由于我国地域广大、人口众多、情况复杂，中央集权的管理体制必然依赖地方政府的权变管理。加之中国公共管理中公众参与过少，以及政策监督、政策评估不完善，更加使得公共政策执行具有极强的弹性。

中共中央在十六届三中全会上提出了建设社会主义和谐社会的目标，这成为 21 世纪初政府的行动指针。在中央主导下，政府开始把眼光从发展更多地转向了分配，加大民生项目的财政投入成为各级政府构建和谐社会重要的着力点。2005~2014 年，河南省委、省政府围绕人民群众关心的民生

---

① Thomas, R. Dye, *Understanding Public Policy* (Prentice Hall, 2008).

问题，每年承诺完成十件大事，简称"十大实事"，后又扩大为十类实事，称"十大民生工程"。

十大民生工程推行以来，河南省围绕就业、社会保障、保障性安居工程、教育、公共医疗卫生、文化惠民工程、农民增收、改善农村生产生活条件、环境、公共安全等方面，加大财政投入力度，做了一系列政策安排。为了全面客观地了解十大民生工程的实施效果，课题组于 2014 年下半年在全省进行了调研活动。通过调研，课题组发现，十大民生工程取得了巨大的成绩，深入民心，但是同时也出现了一些问题。本研究聚焦于政策执行，试图通过对 2005～2014 年十大民生工程政策执行过程的分析，管窥我国民生类政策执行中存在的问题，并提出改进建议。

第一节　十大民生工程政策效果分析

一　政策投入持久，政策产出明显

十大民生工程先由河南省委直接督办，后由河南省委、省政府共同督办。十年中，通过利用中央下拨财政资金和省级政府资金、地方配套资金，河南省委、省政府针对十类民生难点问题，每年发布详细的政策目标，年终对政策执行情况进行统计。本研究根据 2005～2014 年河南省十大民生工程的相关文件，用表 11-1 介绍了十大民生工程的政策产出。

表 11 – 1　河南省十大民生工程的政策产出

领域	政策产出
就业	2005～2013 年,用于就业的资金总额为 196.59 亿元,平均每年 21.84 亿元。截至 2013 年底,全省累计新增就业 1163.13 万人,城镇失业人口再就业 419.33 万人,帮助困难人员就业 163.73 人。全省农村转移就业规模累计达 2660 万人。全省"零就业家庭"动态为零,累计完成职业技能培训 491.1 万人次,全省新增小额担保贷款 132 亿元,首批选择了 128 个特色旅游村,培育发展了 11943 家农家乐,开办了 201 场培训班。2005～2013 年城镇失业率保持在 3.1%～3.5%
社会保障	2010 年前较多地着力于社会救助,后期较多地关注社会福利。2005～2014 年整体推进了社会保险的普及,提高了人民的福祉。在优抚安置方面,扩大了优抚安置的范围。在社会救助方面,10 年中有 8 年关注了农村五保户的集中供养问题、城市低保问题、农村低保问题
保障性安居工程	截至 2014 年,经济适用住房竣工数量为 29.04 万套;公共租赁住房竣工数量为 47.99 万套;廉租住房竣工数量为 49.49 万套;棚改房竣工数量为 92.87 万套;农村危房改造竣工数量为 72.03 万户
教育	农村中小学生均公用经费基准定额小学为 560 元,初中为 760 元,补助学校每生每年 30 元冬季取暖费;基本解决了农民工随迁子女在城市接受义务教育问题,九年义务教育巩固率达 92%,高中阶段教育毛入学率达 90.2%,国家助学金资助人数占普通高中在校生总数的 20%,每生每年补助 1500 元;截至 2012 年,高中阶段教育和高等教育毛入学率分别达 90% 和 27.22%;截至 2011 年,191 万城市中小学生免除了学杂费;截至 2008 年,1312 万农村中小学生享受了免除学杂费和免费教科书政策,80 万农村家庭经济困难寄宿生享受了生活补助,基本消除了义务教育阶段学生因贫辍学现象

领域	政策产出
公共医疗卫生	截至 2013 年,新农合人均财政补助标准提高到 280 元,全省参合农民达 8119.46 万人,参合率达 98.34%,住院补偿封顶线达 15 万元,在全国率先实现跨区域即时结报;分七批降低药品价格,平均降价幅度为 13.66%,共降价 10.8 亿元;改建新建 600 家中心卫生院、1885 家乡镇卫生院、18989 家村卫生室;已经实现了信息系统、标准编码和清算支付渠道的"三个统一",新乡、濮阳和济源 3 个试点市省级平台异地就医工作进展顺利;2013 年,全省农村孕产妇住院分娩补助 1059436 人,农村妇女孕前和孕早期补服叶酸 941458 人,农村妇女宫颈癌检查 511790 人次,农村妇女乳腺癌检查 49371 人次
文化惠民工程	完成 17246 个已通电自然村的广播电视"村村通"工程;综合文化站覆盖全部乡镇;实现了每乡每年一次公益演出;实现了所有行政村"一村一月放映一场公益性电影"的目标;在 15000 多个村建立了农家书屋
农民增收	截至 2010 年,落实补贴农机具超过 29.3291 万台;2010 年共有 1930 万农户领到补贴资金,亩均补贴 82.16 元。截至 2014 年,各种职业技能培训累计超过 792.78 万人次;良种补贴实现全覆盖,亩均 10 元
改善农村生产生活条件	截至 2014 年,全省共解决 3438.29 万人的饮水安全问题;改造新建县乡公路、通村公路、村内公路共计 12.6826 万公里。截至 2010 年,全省共建成农村户用沼气池超过 209.91 万座,大中型沼气工程超过 340 个
环境	2013 年新建成污水处理厂 46 个,新增污水处理能力 155 万吨/日;全省 18 个省辖市和 10 个直管县(市)全部安装细颗粒物监测设施,并向社会公布环境质量监测信息等
公共安全	基本形成了由地方政府负责、以食品药品监管部门监管为主、以农村协管员和信息员等社会监督为辅的农村药品监管体系。全省 158 个县(市、区)的 2399 个乡镇(街道)基本建立和完善了以"一办两队三中心"为基本框架的乡镇(街道)社会服务管理中心或综合服务管理平台

通过表 11 - 1 我们可以看到，2005 ~ 2014 年，十大民生工程围绕群众切身利益，根据中央总体部署，设计推行民生项目，在十类民生项目上都取得了较大成绩，成为相关领域发展的主要政策推手。经过十年的持续投入和努力，河南省切实改变了这些领域的状况，扎扎实实地提高了群众的生活水平。

二　群众获得实惠，提升政权合法性

合法性是一种涉及统治权力的观念，是人们对统治权力和服从的认可。同时证明权力与服从的合法性，是合法性的第一要旨。而统治权力及其衍生物——政治义务，正有赖于对这种双重目的的论证。认证要取得成功，至少需要三个补充条件——赞同、法律和规范。① 一个政权的合法性，取决于赞同、法律和规范三者在统治者与被统治者之间的实际效用。我国是人民民主专政的社会主义国家，人民政府的人民性就体现在政府对人民利益的认知和保障上。唯有对人民利益予以保障和增进，政府才能获得人民的赞同，并获得在人民赞同基础上的权力，从而拥有合法性。

十大民生工程不同程度地使群众得到了实惠，使其感受到了党和政府的温暖。在调研中，群众虽然无法准确说清楚哪些项目，但是知道自己的问题解决了或者生活改善了。十

① 〔法〕让 - 马克·夸克：《合法性与政治》，佟心平、王远飞译，中央编译出版社，2002。

大民生工程建设使群众对政府满意度有了很大的提高，这提升了政府的合法性。值得注意的是，群众对不同政策的满意度是不同的，而且不同民生政策的落实对各级政府合法性的提高是有区别的。十大民生工程提升了中央和省级政府在群众心目中的满意度，但是也给县乡政府提出了很大挑战。

三　政策效果有偏差，部分项目亟待改进

从表 11 – 2 可以看到，十大民生工程在具体的政策效果上都存在不足之处。我们按照群众满意度对这十类民生工程进行了排序，列出了群众相对满意的事项和不满意的事项。

表 11 – 2　十大民生工程政策效果调查

民生工程	满意事项	不满意事项
改善农村生产生活条件	饮水安全；公路"村村通"；电力"户户通"	新农村社区建设；停电
社会保障	养老有保障；低保有希望；医疗保险等使群众敢去看病	大病救治难；低保引起矛盾
教育	免费上学；免费教科书；校舍改造	教育资源分布不均衡；农民工子女入学难；学位不够，外省打工者子女受教育难
公共医疗卫生	有病可以看；妇女生育等医疗状况改善；新农合跨地区即时结报*	卫生室建设管理有待改进；医院管理存在问题；医药分家存在问题；看病贵、看病难**
农民增收	农机具购置补贴；良种补贴；家电补贴	职业技能培训不够贴近实际；补贴效果不大

续表

民生工程	满意事项	不满意事项
就业	农家乐;再就业工程	培训不能满足实际需要;大学生就业难;创业贷款难
保障性安居工程	保障房市县保障有力	危房改造资金量小;信息不透明
文化惠民工程	农民文娱活动资金支持;广播电视"村村通";有公益演出、电影	公益演出、电影不够贴近生活;农家书屋闲置;文化大院多数闲置
环境	农村饮水改造	农村垃圾;有毒工厂;大气污染;河流污染

注: *此处农村群众满意度较高,达98%,可能与群众要求不高有关,但是城镇群众满意度较低,仅仅为66%。

**对医疗管理系统的不满意,主要存在于系统内部及相关研究领域。

就政策效果而言,十大民生工程呈现了这样几个特征:其一,政策的直接效果很好。2005~2014年,十大民生工程围绕社会热点难点民生问题,投入资金,强化政府责任,集中力量推进解决。其二,政策的附带效果也有较好的表现。比如,在社会保障、公共医疗卫生、改善农村生产生活条件等方面,落实到群众个体上的资金数额不是很多,但是这种制度性的推进,让群众感到有保障、有所依赖,吃了"定心丸"。其三,政策的潜在效果影响深远。例如,在教育方面,通过政策推进,河南省实现了免费义务教育,提高了办学条件,政策的潜在效果影响要在至少十年之后才能体现。其四,政策的象征性效果显著。十大民生工程都围绕困难群众生存生活的重要事项进行,让群众感受到了党和政府对群众的重视和关心。

第二节　政策执行中存在的问题及原因分析

在对十大民生工程的政策分析中，我们发现，政策基本上取得了预期的效果，但是在政策执行中存在一些问题，导致了一些政策偏差产生。这些政策执行中的问题主要体现在以下几个方面。

一　缺乏深入调查研究，政策方案偏离群众需要

十大民生工程对民生问题的关注是敏锐的，政策目标选择也相对科学。但是在具体的政策方案编制上，由于不深入调查研究，存在较大的问题。比如，在文化惠民工程上，以文化来影响人对建设社会主义文化强国、促进社会进步发展、保障国家文化安全具有重要意义，然而在具体的政策执行上，效果比较差。以农家书屋为例，该工程由新闻出版、财政部门组织实施，工程提出"在农村地区建设农家书屋，解决农民买书难、借书难、读书难的问题，提高农民文化素质"，其实际的执行情况是：其一，农家书屋的书籍是上级政府部门通过政府采购的方式购入的，书目不符合农村需求情况；其二，政府一次性给付 5 万元资金，没有后续资金投入；其三，目前农民进城务工较多，留守农村的多是老人与儿童，这些人往往没有条件看书，所以调查中发现，90% 的农家书屋常年闲置。与此类似的

还有沼气工程项目。以前农民家家户户养猪，粪便垃圾比较多，容易造成污染，而建设户用沼气可以改善环境、节约资源。但是随着规模化养殖的推进，应该让农户根据自己的情况选择是否用户用沼气，继续补助建设户用沼气已不合时宜。

二　政策缺少长远性综合考虑，缺少整体解决方案

在具体的政策实施过程中，还有一种情况，就是政策目标虽然明晰，政策方案也比较科学，但是缺少长远性综合考虑，无法彻底解决问题或者造成新的问题。

在农村调研中，群众反映比较集中的问题有：一是有污水处理厂的建设资金，而没有污水搜集的项目资金；二是有打井项目资金，而没有井打成以后的维护资金，部分地方尚待实现井电配套（井电配套后灌溉成本为 10 元/亩，而农机灌溉成本为 25 元/亩）；三是在"村村通"工程中，有乡村公路的建设资金，而没有乡村公路建成以后的道路维护资金；四是乡村公路建设单纯追求公路的里程数，而没有考虑公路的质量，往往出现路窄无法会车等现象；五是一些项目管理会加大基层行政部门的工作量，但在项目设计中没有考虑行政工作经费，而基层自行解决工作经费的难度较大，会使项目最终形同虚设。

此外，农村垃圾处理方面定下的宗旨是户收集、乡运输、县处理，但车辆配套给乡镇了，而司机费用、油钱等没有后

续资金，乡镇财政又无力支付，结果垃圾车几乎都被闲置。这实际上不但没有解决农村垃圾处理问题，反而造成了更严重的资金浪费。

三　部门之间缺乏沟通协调，政策条块分割、利益分立

在民生类政策执行上，部门分立，各自为政，缺乏沟通协调，是造成政策效果不佳的一个重要原因。比如，薄弱学校改造及农村学校课桌凳采购项目，由发改部门立项，财政部门负责拨款，等项目完成后，才让教育部门监管。具体主管部门介入较晚，影响工作协调开展，影响了政策整体效果。2014 年，在教育资金配套上，农村与城市倒挂，农村按照 2013 年标准拨付，城市按照 2012 年标准拨付，造成农村资金结余而城市资金不够。

近年来，随着国家一系列惠农政策的实施，支农项目越来越多，但存在的问题是民生工程项目谁批谁管，不同的项目由不同的上级政府部门主管，项目与项目之间缺乏协调，甚至出现相互冲突的现象。部门分立还使得财政资金使用过于分散。比如在农村项目主管部门方面，合作社注册归工商局和民政局，养殖归畜牧局，劳动力培训归农业局，"家电下乡"归商务局，农机具购置补贴归农机局，农村扶贫归扶贫办，农村低保归民政局，农业保险归财政局。政府归口服务有利于提供更专业的服务，但是也带来

了具体项目上的各自为政、互不协调，最终使得资金投入
像"撒胡椒面"。

四　上级部门管理过细过死，缺少自下而上的参与

任何组织都有其私利，在十大民生项目执行中，部门私
利的泛滥严重影响了政策的效果。部门私利体现在：项目全
部由上级部门确定，而且非常详尽、非常具体。各市项目财
政资金的争取一般按照人口数量等标准进行测算，这种方式
的优点是标准比较客观，表面上看公平、公正，但自上而下
确定项目，和当地对公共物品的需求很难契合，有些地方没
有项目需求也会硬性安排，有些地方有项目需求却没有安
排。

在调研中，某县级公安局拥有数码相机 100 多部、打印
机 100 多台，原因是上级规定了政法稳定资金必须买某一品
牌某一款的相机、打印机。虽然该局办公经费短缺，但这笔
经费只能用来买相机和打印机。类似的还有文化惠民工程，
公共文化产品的内容、形式全部由上级部门确定，与群众的
文化需要不符合，也很难多样化，造成群众的参与度比较低。
例如，"送戏下乡"的戏曲剧目、演出时间与地点、演员都
由上级部门规定，为了保证效果，上级部门甚至还需要检查
每个演员的演出时间。但群众反映，一年看一次大剧，不如
让他们自己挑选节目，这样可以花很少的钱，经常看到演出。
"送电影下乡"政府也投入了大量资金，并严格监督，每场

电影都要通过卫星定位技术来保证真实放映。但是电影节目老化，而且如今电视与网络普及，群众坐在家中就能观看电影，自然就很少有人跑到指定放映点观看。政府"一头热"推行的文化产品群众不喜欢，群众喜闻乐见的文化产品又缺乏有效供给。

五 基层部门权力小责任大，执行压力过大

民生工程的落实最终都依靠基层部门，但是具体落实部门权力很小，造成政策执行难度大，影响政策效果。

最突出的问题就是资金配套。很多民生项目需要资金配套，根据我国目前的财税制度，我国的财政机构也呈现多级次状态，分为中央财政和省级财政、市级财政、县级财政、乡级财政等。各级政府收入分配呈现向上集中趋势，上级政府在财税分权方案设计中拥有动议权和决定权，导致资金层层集中而事权层层下放，从而导致县乡财政困难、基本公共服务提供不足。在十大民生工程项目中，很多资金需要地方配套，而分税制后，县乡级财政较为困难，使政策到了基层难以落实。此外，一些项目需要地方的配套投入支持，但是项目经费并没有安排相应资金。比如在农村机井通电工程建设中，上级的经费只负责电控房内电线、水管的安装，电控房的土地征用、与大的变电站之间的电线安装等，都要靠当地再筹措资金。

第三节　我国民生类政策执行的改进路径

一　加强信息公开，增加政策的透明度

信息公开，包括政策方案的公开、政策执行进程的公开、政策结果的公开。民生类政策涉及千家万户，有效的信息公开，可以提高政策的公信力和保障政策的实施效果。很多民生类政策，目前已经有相对严格的信息公开制度。未来，应该利用政府网站等，加大民生类政策的信息公开力度，让群众更好地了解政策。信息公开还意味着要完善公共政策执行中的信息沟通和反馈机制。在政策执行过程中，信息公开可以让政策执行中遇到的问题及时得到反馈，有利于政策调整和完善。信息公开还要求各部门之间加强信息交换和协调。在政策的制定和执行阶段，都需要加强部门之间的合作，做到权责明晰、配合有力，唯此才能收到公共政策的最佳效果。信息公开可以有效减少政策执行中的不良行政行为，遏制腐败，减少行政不作为或者乱作为，增加政策信用。

二　扩大公众参与，增加政策的民主性

扩大公众参与意味着扩大公众对政策的参与度，包括增强参与意识、提高参与能力、保障参与权利，扩大公众参与是保证政策科学化、民主化的重要举措。公众参与包括普通公众参与和智库专家参与，在实践中，要提高公众和智库专

家对整个政策活动的参与度。可以利用现代信息技术，运用电子政务公开平台、微博、微信、电子邮箱等，征集群众对民生项目的意见和建议。加强双方信息沟通，保持信息对称，唯此才能真正为人民群众办实事、办好事。扩大公众参与意味着增加公众对政策的监督力度。由于信息不对称，过去政策制定存在一定的主观性、随意性，财政资金投入了，行政作为了，但是群众并没有真正得到实惠，扩大公众参与可以让公众参与整个过程，真正增强政策的针对性，解决实际问题。

三　合理布局财政资金，使政策更加惠民

在十大民生工程项目的确定中，领会中央和上级政府意图，争取中央和上级政府专项转移支付资金支持，是地方政府重要的工作内容。在领会和落实上级指示精神的前提下，本级政府确定本地的民生项目优先顺序，以上级政府的相关财政专项转移支付为重要的资金来源，并安排本级财政资金落实这些项目。很多民生项目要求地方财政资金配套。在政府自上而下的重视下，涉及项目的财政支出不仅在绝对金额上呈增长趋势，而且在相对量上也呈现增长趋势。如2009～2013年，河南省教育支出占全部财政支出的比重从18.1%增长到了21%；公共医疗卫生支出占全部财政支出的比重从7.6%增长到了8.8%；住房保障支出占比也总体增长，2012年一度达3.7%。财政资金分级配套制所产生的"联动效应"

值得肯定，但同时衍生的"累退效应"也不容忽视，公平与效率必须兼顾。新时期，有必要结合实际情况，科学调整资金分配机制。一方面，要积极推动各级政府财权与事权相协调。针对基层财政困境，上级政府要适当放宽财权、压缩事权。另一方面，要用足用活中央有关政策，加大省级财政投入力度，尽可能减轻市、县资金配套压力，确需市、县落实配套资金的，尽量采取区别化对待的原则，避免"一刀切"，对落后、贫困地区给予扶持，力争少配套或不配套，确保其发展后劲和可持续发展能力不受影响。

四　尊重基层政府，权力资金下放

在十大民生工程实施过程中，不同类别政策出自不同部门，这些部门往往直接决定了资金使用方向，严格要求不准挪用。但是在具体的操作中，往往资金像"撒胡椒面"，到处有钱，到处花钱，又到处缺钱花，一件事也不能妥善办好。比如敬老院，年年下发资金，但是每个敬老院只能简单维修一下房屋、床位，并不能得到彻底改造。基层普遍反映，不如把相关资金的使用权交给基层统一调配，这样可以集中起来，一个问题一个问题地解决，根据基层的实际情况，逐步把问题彻底根除。在这一方面，要避免上级尤其是省直部门管理过细，把权力下放给基层，把相关财政资金也下放给基层，相信基层政府能够把问题处理好。可行的办法是，项目资金直接由省下拨到县，只规定项目完成的内容和建设数量，至于资金在项目之间的配置则不再细分，更不要采取政府集中采购等方式给基层配置实物，将项目选点权交由县级政府自主决定，验收时，只考核建设质量和项目建设点是否符合要求。

结 论

为了更好地实现党和政府的执政理念，近年来国家和各级政府狠抓民生工程。通过本研究的剖析，我们可以看到，这些民生工程不仅大大改善了群众的生活，而且建立了适合现代社会的政策保障体系，譬如现代保险制度、现代医疗制度等。这些社会领域的改革，提高了民众生活水平，促进了社会和谐，提高了政府的合法性，对社会的长治久安、国家政权的稳定都起到了重要的推动作用。

民生工程投入巨大，广得民心，但是如何让政策更有实效，让公共财政真正造福群众，需要政策制定、执行、监督、反馈各个层面的科学运行，而政策执行是整个政策活动的核心。我们应该在民生政策上，狠抓政策执行，扩大公众参与，提高政策透明度，科学合理地规划财政投入，充分尊重基层政府。

（执笔：朱世欣）

第十二章 十大民生工程项目与财政体制改革关系研究

第一节 十大民生工程项目的财政运行背景

一 多级政府与多级财政

各个大国为了提高管理效率，往往采取缩小管理幅度的多级政府的管理方式。我国幅员辽阔、人口众多，长期延续了多级政府的单一制国家管理方式，但政府的层次与财政的层次并不完全一致。

我国地方政府层次多而且结构复杂，分为省级、市级、县级、乡级。地方政府接受双重领导，一方面要贯彻执行本级人大及其常委会制定的地方性法规和决议；另一方面要贯彻执行国务院及上级行政机关的决定和命令。与多层次政府相适应，我国的财政也呈现多层次状态，分为中央财政和省级财政、市级财政、县级财政、乡级财政等。但各个地方的财政层次设置不同。

二 中央财政与省级财政关系相对规范，但不完善

1994 年分税制改革试图按照中央和地方政府的事权划分，确定中央和地方财政的支出范围；根据事权与财政结合的原则，税种划分为中央税、地方税和中央地方共享税，建立中央税收与地方税收体系；核定地方收支数额，逐步实行中央财政对地方的税收返还和转移支付制度；建立分级预算制度，强化各级预算约束。这次改革确立了市场经济所需要的政府间财政关系的基本框架，促进了地区间财力的均等化，有利于保证各地最低公共服务水平。

在 1994 年的分税制改革中，改革的重点放在了财政收入划分上，而事权与支出划分问题一直没有解决。国务院在《关于实行分税制财政管理体制的决定》中，对中央与地方事权进行了原则划分：中央财政主要承担国家安全、外交和中央国家机关运转经费，承担调整国民经济结构、协调地区发展、实施宏观调控所必需的支出，以及由中央直接管理的事业发展支出；地方财政主要承担本地政府机关运转所需支出及本地区经济、事业发展所需支出。地方政府的事权几乎是中央政府事权的延伸，呈现了"上下对口、职责同构"的特征，结果使中央和地方财政支出结构严重失衡。

在民生方面，中央政府需要履行收入的公平、合理分配职责。对个人收入实行累进征税和转移性支出（包括补贴

和救济），可减轻市场自发作用下可能形成的两极分化程度，缓和社会矛盾，满足社会成员基本的生存和生活需要。之所以该职责必须由中央政府承担，主要原因在于个人收入分配的不公平在很大程度上与地区发展不平衡有关系。地方政府的职责在于：提供地方性公共物品和区域性公共物品，配合实施国家的收入分配政策，承担地方性的社会保障统筹。

1994 年以来，我国逐渐建立了社会主义市场经济体制要求的财政体制基本框架，主要考虑提高中央财政收入比重，但对各级财政的职能分工、财政健全性和可持续性协调不够，改革不到位。分税制改革后，财政收入的层层上解和支出责任的层层下压，加重了地方政府尤其是基层政府的财政支出压力。中央不得不通过不断加大转移支付力度弥补地方收支缺口。地方财政支出占全国财政支出的比重大幅上升，2010 年该比重已经从 1994 年的 69.7% 上升到了 82.2%，而中央财政支出的比重则从 30.3% 下降到 17.8% （见表 12 - 1）。说明地方财政承担了绝大部分支出责任，尤其是 2006 年我国开始构建社会主义和谐社会以来，地方财政支出责任进一步加大，收入自给率进一步下降，与中央财政支出责任"错配"的程度进一步加深。

三 地方各级政府间财政关系不稳定、不规范

省级以下财政体制反映了地方政府间的财政关系。由于

表 12 - 1 我国历年中央和地方财政支出比重

单位：%

年份	财政支出比重		财政收入比重		年份	财政支出比重		财政收入比重	
	中央	地方	中央	地方		中央	地方	中央	地方
1978	47.4	52.6	15.5	84.5	1999	31.5	68.5	51.1	48.9
1980	54.3	45.7	24.5	75.5	2000	34.7	65.3	52.2	47.8
1985	39.7	60.3	38.4	61.6	2001	30.5	69.5	52.4	47.6
1990	32.6	67.4	33.8	66.2	2002	30.7	69.3	55.0	45.0
1991	32.2	67.8	29.8	70.2	2003	30.1	69.9	54.6	45.4
1992	31.3	68.7	28.1	71.9	2004	27.7	72.3	54.9	45.1
1993	28.3	71.7	22.0	78.0	2005	25.9	74.1	52.3	47.7
1994	30.3	69.7	55.7	44.3	2006	24.7	75.3	52.8	47.2
1995	29.2	70.8	52.2	47.8	2007	23.0	77.0	54.1	45.9
1996	27.1	72.9	49.4	50.6	2008	21.3	78.7	53.3	46.7
1997	27.4	72.6	48.9	51.1	2009	20.0	80.0	52.4	47.6
1998	28.9	71.1	49.5	50.5	2010	17.8	82.2	51.1	48.9

注：（1）中央、地方财政收支均为本级收支。（2）2000 年以前数字不包括国债还本付息支出和利用国外借款安排的基本建设支出。从 2000 年起，全国财政支出和中央支出中包括债务付息支出。收入不包括国内外债务收入。

资料来源：《中国统计年鉴（2011）》。

我国地域广阔、区域差别大、财力相差悬殊，地方各级政府间财政关系在随国家财政体制变动的大背景下，呈现了诸多差异。在大多数地区，县级政府的经济基础薄弱，财源结构比较单一，税种少与财政层次多的矛盾导致越往基层越无税可分，在一个五级政府的架构中实现分税制具有相当大的难度。地方政府间财政关系一般由上级政府自主确定，上级政府很少与下级政府进行公开透明的协商，更不会主动征求社会和地方居民的意见。虽然我国在体制调整过程中也经常出现政府间吵基数、争比例的讨价还价现象，但这种讨价还价是建立在不平等、不规范基础上的，上级政府在谈判过程中占据主动和主导地位，各级政府收入分配呈现向上集中倾向，导致县乡财政困难、基本公共服务提供不足。

省与市县之间的财政支出责任"错配"，主要表现为如下几种方式：一是"张冠李戴"式错配，即由市县级财政承担本应由更高级财政承担的支出责任。本属于全省或跨省的公共服务支出由市县级财政承担，加大了市县级财政的负担，并挤占了用于其他本级公共服务的支出。二是"心有余而力不足"式错配，即市县本级财力不足，不能有效提供本级公共服务，需要省级财政拨付专项资金，但省对市县专项转移支付进行控制，拨付不足或直接通过省直部门垂直拨付，造成市县公共服务支出缺乏稳定性、对上级拨款的依赖性强、争取专项资金的成本高等。三是"巧妇难为无米之炊"式错配。专项转移支付资金需要市县级财政给予一定比例的配套资金，财政困难的市县无法落实配套资金，只能放弃那些较好的项目。

在"省直管县"改革过渡期，不乏市与县之间的财政支出责任"错配"，主要表现在：一是"雁过拔毛"式错配。市级政府在省级与县级政府之间，市级政府会为了增加收益截留，挤占中央和省级政府给予县级政府的转移支付资金，不对上级拨付给县级政府的专项转移支付进行配套，导致县级政府财政困难、公共服务供给"缺位"的恶性循环。二是"照猫画虎"式错配。市级政府不断将事权和支出责任下移到县级政府，而中央、省、市级财政对县级财政转移支付的规模较小，分配不规范，各种转移支付形式之间缺乏协调，造成县级政府没有财力对固有的支出责任和下移的支出责任"埋单"，以至于公共服务供给"缺位"。三是"强权掠夺"式错配。市级政府为了扩大自身管理权限，会挤占中央和省级政府下放给县级政府的审批权限，剥夺县级政府包括财权在内的一系列自主权。

四　基层政府的财政困难

分税制改革后，县域经济发展不均衡，县乡政府税基增长有限，而财政供养人员膨胀，导致县级财政自给水平低，过于依赖转移支付。对大多数农业县来说，乡镇财政基本没有税收来源，财政收支缺口较大，运行困难。财政资源具有稀缺性，财政支出则具有刚性与扩张性的特点，地区发展不平衡和财政政策调整的滞后，使基层政府收不抵支的情况比较严重，财政困难普遍。

第二节　十大民生工程项目变化与

财政体制的契合

一　十大民生工程项目生成机制

1994 年分税制改革后，我国税收增长率连年高于 GDP 增长率，财政收入占 GDP 的比重持续提高，中央财政的充裕度以及对财政收入的支配能力不断提升。20 世纪末，在中国经济总规模膨胀的同时，社会贫富差距加大，出现经济社会发展不均衡、地区发展不均衡、城乡发展不均衡等问题，社会稳定的压力越来越大，社会保障成为突出的社会问题。

十六届三中全会提出了建设社会主义和谐社会的目标，成为 21 世纪初政府的行动指针。在中央主导下，对民生项目加大财政投入成为河南省各级政府建设社会主义和谐社会的重要着力点。根据中央指示精神，省级政府在年度工作目标中往往提出将民生工程项目作为重点工作，强化考核，推进落实。

二　十大民生工程项目与政府支出责任的对应性

政府间财政支出责任划分是财政收入划分和转移支付的基础，财政支出划分决定了对资金的需求，而财政收入划分和转移支付则决定了资金的筹集。在合理确定政府责任划分后，再确定各级财政支出责任的划分，这有利于保障民生项目的供给效率，全面满足社会公共需要。

教育、卫生、社会保障等民生项目是基本公共服务，具有很强的再分配性质，由中央财政承担最有效，中央财政应承担这类公共服务的主要支出责任。但我国基本以地方政府为支出责任主体，如基本卫生服务的责任划分是"地方政府负责，中央财政适当补助"，这不利于保障基本公共服务水平的统一，不利于供给效率的提高。

三　河南省十大民生工程项目对应的财政资金安排

在河南省 2009～2013 年的十大民生工程资金中，一半以上来自中央财政转移支付，省级财政提供的比例逐年下降，来自基层财政安排的资金所占比例为 12%～20%，企业或群众自筹的比重有增长趋势。从用于十大民生工程的资金总规模看，2009～2013 年，资金投入从 302.2 亿元增长到了970.0 亿元，这与我国社会治理体系仍然处于建设中，民生项目公共支出不够稳定有较大关系。

2009 年，十大民生工程的资金投入量约为 302.2 亿元，其中中央转移支付约为 160.2 亿元，占比 53%。较大的三个项目分别是改善群众医疗卫生条件、进一步提高教育水平、加强农村基础设施建设，分别占当年十大民生工程资金投入量的 27.3%、26.1%、20.0%；总投入资金约

221.9 亿元，其中中央转移支付约 125.1 亿元，占比 56.4%（见表 12－2）。

表 12－2 2009 年河南省十大民生工程资金安排

单位：万元

十大民生工程	合计	中央	省级	市县级	自筹
合计	3022254	1601797	859475	541182	19800
加强保障性安居工程建设	20000	—	20000	—	—
提高城乡低收入群体收入	302942	134000	166942	2000	—
努力促进农民增收	344652	167952	176700	—	—
加强农村基础设施建设	605600	211500	108600	265700	19800
大力发展农村文化事业	51840	18346	27570	5924	—
进一步提高教育水平	787490	575700	133790	78000	—
改善群众医疗卫生条件	825980	463420	201860	160700	—
做好就业再就业工作	20500	14480	4600	1420	—
积极推进城乡环境治理	52145	11900	13930	26315	—
加强农产品食品安全监管	11105	4499	5483	1123	—

2010 年，十大民生工程的资金投入量约为 822.1 亿元，其中中央转移支付约 501.5 亿元，占比 61%。较大的三个项目分别是全面实施医疗卫生体制改革、提高社会保障水平、促进农民增收脱贫，分别占当年十大民生工程资金投入量的 21.8%、20.3%、19.8%；总投入资金约 509.3 亿元，其中中央转移支付约 325.2 亿元，占比 63.9%（见表 12－3）。

表 12 - 3   2010 年河南省十大民生工程资金安排

单位：万元

十大民生工程	合计	中央	省级	市县级	自筹
合计	8220721	5014661	1263863	1287659	654539
千方百计扩大就业	89803.5	46505	5539	33329.3	4430.15
大力实施保障性安居工程	300927	144002	20000	59610.8	77314.2
提高社会保障水平	1670767	936550	284725	265556.37	183934.98
促进农民增收脱贫	1631435	1478311	106800	25412.5	20911.5
进一步改善城乡生产生活条件	1270175	748514	148897	186317	186447
实施文化惠民工程	77487.3	46210	15046.8	16081.5	149
优先发展教育	1243422	775483	251125	193481.12	23333
全面实施医疗卫生体制改革	1791161	837346	357173	445288	151354
加强生态环境建设	129163	1740	74557	46952.6	5913
维护公共安全	16382.2	—	—	15630.2	752

2011 年，十大民生工程的资金投入量约为 755.6 亿元，其中中央转移支付约 410.4 亿元，占比 54.3%。较大的三个项目分别是提高公共医疗卫生服务水平、大规模实施保障性安居工程、提高社会保障水平，分别占当年十大民生工程资金投入量的 29.6%、20.3%、17.6%；总投入资金约 510.3 亿元，其中中央转移支付约 272.4 亿元，占比 53.4%（见表 12 - 4）。

表 12 – 4　2011 年河南省十大民生工程资金安排

单位：万元

十大民生工程	合计	中央	省级	市县级	自筹
合计	7556401	4103501	1449165	1511051.7	492683.2
大规模实施保障性安居工程	1534379	916343	212150	320390	85496
千方百计扩大就业	240810.9	208209	13298	19303.9	—
提高社会保障水平	1330537	620546	144546	336787	228658
改善农村生产生活条件	772180.4	243719	328137	168728	31596.4
实施文化惠民工程	76058.61	41481	16051	17596.6	930
提高城乡教育水平	1265901	873708	238332	143905.3	9956
提高公共医疗卫生服务水平	2238259	1187347	491531	429930.7	129450.1
加强生态建设和环境保护	23750.7	12148	—	10795.7	807
加强食品药品安全监管	12871.9	—	5120	7378	374
扎实推进平安河南建设	61652.7	—	—	56236.9	5415.8

　　2012 年，十大民生工程的资金投入量约为 1134.1 亿元，其中中央转移支付约 648.2 亿元，占比 57.2%。较大的三个项

目分别是提高公共医疗卫生服务水平、大规模实施保障性安居工程、提高社会保障水平，分别占当年十大民生工程资金投入量的 20.6%、20.1%、15.5%；共投入资金约 637.6 亿元，其中中央转移支付约 357.9 亿元，占比 56.1%（见表 12 - 5）。

表 12 - 5　2012 年河南省十大民生工程资金安排

单位：万元

十大民生工程	合计	中央	省级	市县级	自筹
合计	11340728	6481561	1372368	2075646	1411152
千方百计扩大就业	329275	262016	38945	27425	889
提高社会保障水平	1755859	856640	128102	247344	523772
大规模实施保障性安居工程	2283831	1316888	238057	342913	385973
提高城乡教育水平	1724633	1165154	292891	258051	8537
提高公共医疗卫生服务水平	2336643	1405567	217387	522714	190974
实施文化惠民工程	85577.9	43574	22753.5	19190.5	60
促进农民增收脱贫	902520	717392	77018.1	86072	22037
改善农村生产生活条件	1560094	503324	319675	464772	272324
加强生态建设和环境保护	296010.8	205929	22620	61633.3	5828.5
加强社会管理和公共安全	66284.2	5078	14920	45528	758

2013 年，十大民生工程的资金投入量约为 906.9 亿元，其中中央转移支付约 516.8 亿元，占比 57%。较大的三个项目分别是大规模实施保障性安居工程、提高公共医疗卫生服务水平、提高城乡教育水平，分别占当年十大民生工程资金投入量的 25.8%、25.3%、16.4%；共投入资金约 611.5 亿元，其中中央转移支付约 349.8 亿元，占比 57.2%（见表 12 - 6）。

表 12 - 6　2013 年河南省十大民生工程资金安排

单位：万元

十大民生工程	合计	中央	省级	市县级	自筹
合计	9069281	5167567	1075434	1102122	1724158
千方百计扩大就业	360689	308622	12867	30628.8	8571
提高社会保障水平	1160543	744174	102876	99177.2	214316
大规模实施保障性安居工程	2336192	1127270	741	166575	1041606
提高城乡教育水平	1484027	1096378	256024	131613	12.2
提高公共医疗卫生服务水平	2294705	1274237	536907	332790	150771
实施文化惠民工程	284438	33933	14707.6	84051.9	151746
促进农民增收脱贫	137880.9	68906	28000	37184.8	3790.1
改善农村生产生活条件	835398.1	420377	106481	167174	141366
加强生态建设和环境保护	152042.9	93670	10000	36392.9	11980
加强社会管理和公共安全	23364.15	—	6830	16534.2	—

四 转移支付——十大民生工程项目变化反映政府职能重心的变化

我国现行财政转移支付制度是在 1994 年分税制改革后逐步建立的。中央对地方的纵向转移支付的分类名称几经变化，2009 年形成了一般性转移支付和专项转移支付两大类（见图 12 - 1）。

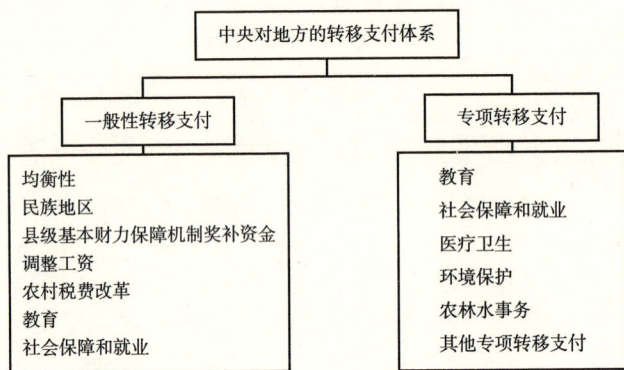

```
            ┌─────────────────────┐
            │ 中央对地方的转移支付体系 │
            └──────────┬──────────┘
          ┌────────────┴────────────┐
   ┌──────────────┐           ┌──────────────┐
   │  一般性转移支付  │           │  专项转移支付   │
   └──────┬───────┘           └──────┬───────┘
   ┌──────┴───────┐           ┌──────┴───────┐
   │ 均衡性        │           │ 教育          │
   │ 民族地区      │           │ 社会保障和就业   │
   │ 县级基本财力保障 │           │ 医疗卫生       │
   │  机制奖补资金   │           │ 环境保护       │
   │ 调整工资      │           │ 农林水事务      │
   │ 农村税费改革    │           │ 其他专项转移支付  │
   │ 教育          │           └──────────────┘
   │ 社会保障和就业   │
   └──────────────┘
```

图 12 - 1　中央对地方的转移支付体系

十大民生工程项目资金大部分来自中央财政的专项转移支付。来自中央财政的专项转移支付到达省级财政后，一小部分由省级财政直接支付使用，大部分经省级财政继续以专项转移支付的形式向市县级财政转移。在中央财政以专项转移支付支持的项目中，有的具有一次性或临时性特征，在项目结束后，专项转移支付资金就不再安排；有的项目具有长期性，起初中央财政以专项转移支付的形式划拨资金，随后该资金成为转移支付的基数或下年度专项转移支付的基数，或者转入一般性转移支付项目。

例如，作为基本社会保障的新农合财政资金，其支出标准由中央和省级财政确定，最终由基层财政落实到农民手中。河南省新农合的资金安排是，2009 年中央拨付 28.09 亿元，省级财政拨付 15.07 亿元，市县级财政安排 14.43 亿元；2010 年中央拨付 45.91 亿元，省级财政拨付 25.5 亿元，市县级财政安排 22.49 亿元；2011 年中央拨付 84.29 亿元，省级财政拨付 39.01 亿元，市县级财政安排 34.88 亿元；2012 年中央拨付 105.14 亿元，省级财政拨付 8.28 亿元，市县级财政安排 40.12 亿元；2013 年中央拨付 105.14 亿元，省级财政拨付 47.29 亿元，市县级财政安排 25.92 亿元。数据比对发现，新农合财政资金大部分来自中央和省级财政专项转移支付，由于该项目是长期项目，上一年度的转移支付成为下一年度专项转移支付的基数。

与十大民生工程项目配套的转移支付资金数量变化，以及大量资金进入转移支付资金基数，并由专项转移支付向一般性转移支付移动，反映了政府更加重视民生，社会职能逐步得到强化。

第三节　十大民生工程项目变化
推动财政体制改革深化

"十二五"规划在确定基本公共服务国家基本标准、重点任务和工程的基础上，对政府间事权和支出责任进行了初步划分，提出了明确政府的主体责任，科学划分各级政府基本公共服务事权与支出责任，健全以地方政府为主、统一与分级相结合的民生项目公共服务管理体制。在事权和支出责任具体划分方面，中央政府主要负责制定国家基本公共服务标准和法规，提供涉及中央事权的基本公共服务，协调跨省份的基本公共服务问题，对各省级政府提供的基本公共服务进行监督、考核与问责。按照国家统一制度框架，省级政府主要负责制定本地区基本公共服务标准和地方政策法规，提供涉及地方事权的基本公共服务，对市级和县级政府提供的基本公共服务进行监督、考核与问责。市级和县级政府具体负责本地基本公共服务的提供及监管。

"十二五"规划明确了逐步将适合更高一级政府承担的事权和支出责任上移，增加中央和省级政府在基本公共服务领域的事权和支出责任；强化省级政府在教育、社会保险、就业、社会服务、医疗卫生等基本公共服务的支出责任；各级政府要加大财力统筹力度，特别是中央财政和省级财政要合理确定与下级财政基本公共服务支出的分担比例，保证"十二五"规划确定的各项基本公共服务目标任务及保障工程的投入，保证本级财政承担的投入分年，足额落实到位；严格规范财政转移支付管理和使用，确保资金按时足额拨付。

十大民生工程项目是河南省"十二五"规划的具体实施载体，实施中反映的问题有助于明晰深化财政体制改革的方向。

一 十大民生工程项目变化对财政结构的影响

开展十大民生工程建设以来，在政府自上而下的重视下，涉及项目的财政支出安排不仅在绝对金额上呈增长趋势，而且在相对量上也呈现增长趋势。如 2009 ~ 2013 年，河南省教育支出占全部财政支出的比重从 18.1% 增长到了 21%；公共医疗卫生支出占全部财政支出的比重从 7.6% 增长到了 8.8%；住房保障支出占比也总体增长，2012 年一度达 3.7%（见表 12 - 7）。

表 12 - 7 河南省部分民生项目在财政支出结构中的占比

单位：亿元，%

项目	2009 年		2010 年		2011 年		2012 年		2013 年	
	数额	占比	数额	占比	数额	占比	数额	占比	数额	占比
教育	524	18.1	609	17.8	857	20.2	1107	21.9	1172	21.0
社保就业	403	13.9	461	13.5	548	12.9	632	12.5	731	13.1
医疗卫生	220	7.6	270	7.9	361	8.5	426	8.4	492	8.8
节能环保	92	3.2	96	2.8	96	2.2	109	2.2	112	2.0
住房保障	2	0.1	77	2.2	143	3.3	186	3.7	191	3.4

二 十大民生工程项目映射财政体制改革深化的方向

从十大民生工程项目实施过程可以发现，财政体制运行还不能适应政府社会职能履行的需要。

第一，中央和地方间事权与支出责任缺乏清晰界定。

1994 年分税制改革后，各级政府事权划分过于简单，支出责任重点不明确，缺乏规范性，中央与地方政府之间职能错位。只有中央政府才具有的事权（如国防、外交），或只有地方政府才具有的事权（如对本地区提供公共物品），尚可以在各级政府间清晰区分；而中央和地方各级政府都具有的事权或者互相交叉的事权，则难以准确判断其归属。

第二，中央政府与地方政府间收支不对称。一是基本公共服务事权重心设置偏低，事权下移，导致地方政府事权过重，事权划分呈金字塔形，而财权划分呈倒金字塔形，事权与财权不匹配。二是中央政府和地方政府共同承担的支出责任较多，而且支出项目中中央与地方出资比例确定的随意性很大。

第三，转移支付结构不合理。一是税收返还按收入来源正相关递增，体现了对收入能力强的地区的倾斜原则，固化了原有的不合理利益分配格局。二是专项转移支付项目设置交叉重复，资金投向较为分散。专项转移支付分配带来了项目支付的随意性，引发了"跑部钱进"等。由于缺乏严格的监督管理制度，中央专项拨款存在被挤占、被挪用现象。三是一般性转移支付规模较小，无法有效调节地区财力差距。一些财政转移支付项目立项缺乏科学依据，财政转移支付演变为中央与地方间的博弈，导致资金分配中出现寻租行为。

第四，转移支付运行对各级政府履行支出责任产生影响。在中央政府与地方政府间事权与财权不相匹配的情况下，地方政府无力安排大量民生项目资金，基层急需提升公共服务水平，中央政府通过安排专项转移支付资金的方式"引导"地方政府的公共服务支出方向。地方政府往往以安排配套资金的方式彰显对上级政府号召的响应。下级政府具有提供相应公共服务的事权，但支出责任是与上级政府提供的转移支付资金相对应的，这影响了公共服务收入来源与受益对象的对应性，不利于形成纳税人与政府之间的制衡关系。

三　建立政府间规范的财政博弈制度

从本质上讲，财政转移支付制度体现的是不同层级政府之间在财政利益分配上的博弈格局。从更基础的角度来说，建立和完善转移支付制度，必须规范政府间的财政博弈制度。我国现行的财政转移支付办法主要由基数法来确定，中央集中的绝大部分财政收入按照各自的基数返还给地方，以保证每个地区的既得利益，中央政府只能依靠有限的收入增量来实现地区间的平衡。财政转移支付的总量一定，地方政府之间必然互相竞争，使本地获得的转移支付量最大化。我国转移支付总量占 GDP 的比例较小，各地区发展极度不平衡，致使中央政府不可能弥补所有地方政府的财政缺口，形成了"僧多粥少"的局面。

在我国财政体制的改革过程中，地方政府逐步具备了与中央讨价还价的能力，一方面，代理中央政府对辖区经济进行宏观管理；另一方面，代表本地区非政府主体争取中央政府的支持，实现本地经济利益最大化。中央政府与地方政府的目标之间既存在一致性，又存在差异性，当双方利益不一致时，就存在博弈，地方政府从本地经济利益出发，有较强的动力与中央讨价还价，以争取尽可能多的财政转移支付。

中央和地方政府在博弈过程中掌握的信息是不对称的。在大多数情况下，中央政府只能依靠经验判断地方所提供信息的真实程度做出相应决策。地方政府对本地经济发展情况拥有相对的信息优势。在财政博弈中，地方政府对中央政府存在依赖现象，在博弈规则变动中处于被动地位；地方政府往往隐瞒组织收入能力，并利用自己的信息优势向中央政府游说，争取有利的补助额。这使得中央政府确定的上解数额和补助数额往往缺乏科学性，影响中央政策目标的实现。

为了使转移支付资金达到财政均等化的目的，必须建立有效的激励监督机制，把地方努力程度作为确定转移支付的重要依据，使用公式化的转移支付办法，努力减少人为因素的干扰。转移支付不能简单地与财政缺口成正比，应与努力程度成正比。

（1）制定合理有效的激励制度。在纵向财政转移支付制度下，地方在博弈规则制定中处于劣势地位，但中央处于信息获取的弱势地位。解决信息不对称问题，要对地方政府的收入努力实行"奖勤罚懒"，转移支付的奖罚要拉开一定的差距，激励地方政府显示本地区财政缺口的真实信息。

（2）明确划分中央与地方间的事权、财权。减少政府层次，明确政府的主要职能是提供公共产品和服务，从生产建设型政府向公共服务型政府转型，以政府职能为基础划分各级政府事权财权，划分坚持中央财政的主导地位，明确各级政府的财政收入范围，为各级政府供给差异性的公共产品和服务提供财力保障。中央与地方共同承担的公共事务，按照支出责任和收益确定分担比例。

（3）完善财政转移支付法律制度体系。明确一般性转移支付的地位、作用及表现形式。制定《转移支付法》，明确转移支付的形式、原则。对一般性转移支付资金进行全过程监督，构建由各级人大、审计、财政内部监督部门和社会等组成的全方位监督体系。推进复式预算，编制一般性转移支付预决算，对转移支付资金进行有效监督，提高资金使用效率。

（4）优化转移支付结构。扩大均等化转移支付的规模，强化财政均等化功能，建立一个以公式化为基础、以一般性转移支付为主的转移支付体系。简化转移支付基本类型，使转移支付目标和对象更明确。扩大一般性转移支付规模。将国债转化为中央政府转移支付资金，对地方政府采用国债转贷的方式。规范专项转移支付，制定严格的项目准入机制，减少立项的随意性，资金在分配时应考虑地方支付能力、公共产品提供成本的差异及人均收入等指标，提高资金分配的公平性。

（5）改进一般性转移支付方法。在均等化转移支付还难以全面引入支出因素法的条件下，将基本行政经费、义务教育经费和公共卫生经费作为基本要素，引入均等化转移支付公式，保证地方政府对基本公共服务的有效供给。尽可能选取地方政府无法直接控制的客观变量，减少对地方政府行为的影响及地方政府与中央政府的讨价还价行为。

（6）完善地方财政转移支付制度。保证转移支付的固定资金来源，调整转移支付项目结构，完善地方政府之间的横向转移支付制度。另外，还应当加快政府职能转变，有效解决政府机构臃肿的问题，为发挥地方财政转移支付作用提供有力支持。

（执笔：崔　潮）

图书在版编目（CIP）数据

河南省十大民生工程政策评估报告/耿明斋，王雪云
主编．—北京：社会科学文献出版社，2015.8
　（传统农区工业化与社会转型丛书）
　ISBN 978 - 7 - 5097 - 7575 - 2

Ⅰ．①河…　Ⅱ．①耿…　②王…　Ⅲ．①社会保障 - 福利
政策 - 评估 - 河南省　Ⅳ．①D632.1

中国版本图书馆 CIP 数据核字（2015）第 117421 号

·传统农区工业化与社会转型丛书·

河南省十大民生工程政策评估报告

主　　编／耿明斋　王雪云

出 版 人／谢寿光
项目统筹／陈　帅
责任编辑／陈　帅

出　　版／社会科学文献出版社·皮书出版分社　（010）59367127
　　　　　　地址：北京市北三环中路甲29号院华龙大厦　邮编：100029
　　　　　　网址：www.ssap.com.cn
发　　行／市场营销中心（010）59367081　59367090
　　　　　　读者服务中心（010）59367028
印　　装／三河市尚艺印装有限公司

规　　格／开本：787mm×1092mm　1/16
　　　　　　印张：20.25　字数：200千字
版　　次／2015年8月第1版　2015年8月第1次印刷
书　　号／ISBN 978 - 7 - 5097 - 7575 - 2
定　　价／79.00元